미래와 통하는 책

외국어
도서

700만 독자의 선택!

새로운 도서,
다양한 자료
동양북스
홈페이지에서
만나보세요!

www.dongyangbooks.com
m.dongyangbooks.com

※ 학습자료 및 MP3 제공 여부는 도서마다 상이하므로 확인 후 이용 바랍니다.

홈페이지 도서 자료실에서 학습자료 및 MP3 무료 다운로드

PC

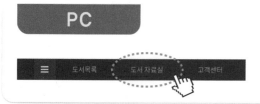

❶ 홈페이지 접속 후 도서 자료실 클릭
❷ 하단 검색 창에 검색어 입력
❸ MP3, 정답과 해설, 부가자료 등 첨부파일 다운로드
* 원하는 자료가 없는 경우 '요청하기' 클릭!

MOBILE

* 반드시 '인터넷, Safari, Chrome' App을 이용하여 홈페이지에 접속해주세요. (네이버, 다음 App 이용 시 첨부파일의 확장자명이 변경되어 저장되는 오류가 발생할 수 있습니다.)

❶ 홈페이지 접속 후 ☰ 터치

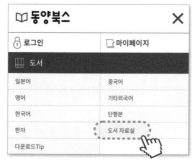

❷ 도서 자료실 터치

❸ 하단 검색창에 검색어 입력
❹ MP3, 정답과 해설, 부가자료 등 첨부파일 다운로드
* 압축 해제 방법은 '다운로드 Tip' 참고

일본어뱅크

히라가나부터 여행회화까지 한 번에!

톡톡 일본어

여행회화

박영숙 · 요시다 다카 · 우미노 하루미 지음

동양북스

일본어뱅크

 일본어
여행회화

초판 3쇄 | 2024년 4월 10일

지은이 | 박영숙, 요시다 다카, 우미노 하루미
발행인 | 김태웅
책임 편집 | 길혜진, 이서인
디자인 | 남은혜, 김지혜
마케팅 총괄 | 김철영
온라인 마케팅 | 김은진
제 작 | 현대순

발행처 | (주)동양북스
등 록 | 제 2014-000055호
주 소 | 서울시 마포구 동교로22길 12 (04030)
구입 문의 | 전화 (02)337-1737   팩스 (02)334-6624
내용 문의 | 전화 (02)337-1762   dybooks2@gmail.com

ISBN 979-11-5768-498-4 13730

ⓒ 박영숙·요시다 다카·우미노 하루미, 2019

▶ 본 책은 저작권법에 의해 보호를 받는 저작물이므로 무단 전재와 복제를 금합니다.
▶ 잘못된 책은 구입처에서 교환해 드립니다.
▶ 도서출판 동양북스에서는 소중한 원고, 새로운 기획을 기다리고 있습니다.
　 http://www.dongyangbooks.com

이 도서의 국립중앙도서관 출판시도서목록(CIP)은 서지정보유통지원시스템 홈페이지(http://seoji.go.kr)와
국가자료공동목록시스템(http://www.nl.go.kr/kolisnet)에서 이용하실 수 있습니다.
(CIP제어번호:CIP2019008409)

머리말

일본을 방문하는 우리나라 관광객은 연간 650만 명에 이르며*, 많은 사람들이 일본여행을 즐기고 있습니다. 일본 관광지를 돌면서 음식을 즐기고 문화를 접하고 일본사람과 교류하면서, 국내여행과는 또 다른 여행의 묘미를 체험할 수 있습니다. 그러나 여기서 문제가 되는 것은 언어입니다. 원어민처럼 유창하게 말하지는 못하더라도 의사소통을 할 수 있을 정도로 일본어를 말할 수 있다면 일본여행의 즐거움은 훨씬 커질 것입니다.

일본어는 한국어와 어순이 같고 문법도 유사하기 때문에 우리나라 사람들이 배우기 쉬운 언어로 알려져 있고, 중·고등학교의 제2외국어나 대학의 교양과목 등 다양한 방면에서 학습되고 있으나, 학습진도가 나아갈수록 난이도가 높아지기 때문에 중간에 포기하는 사람도 적지 않습니다.

일본어를 학습하는 목적은 각각이지만, 일본어를 처음으로 학습하는 사람을 대상으로 '일본어를 어느 정도까지 배우고 싶습니까?'라는 앙케트 조사를 실시한 결과 '일본여행을 갔을 때 어느 정도 이해하고 말할 수 있을 정도까지'라고 대답한 사람이 가장 많았습니다.

이에 본 책은 일본여행에 필요한 기초 일본어를 배우는 것을 목표로 만들어졌습니다. 1과에서 3과까지는 일본어의 기초가 되는 문자와 발음을 학습한 뒤, 자주 사용하는 인사말과 관용구를 배웁니다. 4과부터는 일본을 여행하면서 접할 것으로 예상되는 장면에서 이루어지는 회화문을 토대로 초급 일본어 기초문법과 기본 어휘를 학습합니다. 장면은 공항, 버스·전철, 호텔, 관광지, 음식점, 상점 등이며 실제상황에서 필요한 표현과 어휘를 배웁니다. 각 과 마지막에는 여행할 때 필요한 정보나 TIP을 게재하였습니다. 또한, 7과까지는 초급 단계부터 일본어 학습을 쉽게 할 수 있도록, 일본어 표기에 띄어쓰기를 사용하였습니다.

그리고 별책으로 가지고 다닐 수 있는 포인트 회화책을 준비하였습니다. 이것은 여행하면서 필요할 것으로 예상되는 문장을 정리한 것으로, 일본어를 마스터하기 전에도 활용할 수 있도록 한국어 문장과 실제 일본어 발음에 가장 가까운 한글 발음표기를 달아 놓았습니다. 이 책 한 권이면 여행 중 곤란한 일이 생겼을 때 많은 도움이 될 것입니다.

그 외에도 초급 일본어문법을 효과적으로 익히기 위한 단계별 연습문제와 현지 일본인이 히라가나를 배울 때 사용하는 글꼴(교과서체)을 주로 사용하는 등 학습자를 위한 다양한 고려를 하였습니다. 일본어를 처음으로 배우는 학습자는 물론, 이전에 배운 적이 있지만 다시 처음부터 배우고 싶다고 생각하고 있는 학습자를 위해서도 적합한 교재라고 할 수 있습니다.

이 책을 학습하는 모든 분들이 즐겁게 일본어를 학습하면서 추억에 남을 즐거운 일본여행을 갈 수 있기를 바랍니다. 더 나아가 이 책으로 싹튼 일본어에 대한 흥미와 실력이 더 깊이 일본어를 배우는 계기가 되었으면 좋겠습니다.

마지막으로 이 책이 출판될 때까지 지원을 해주신 동양북스의 관계자분들에게 감사의 말씀을 드립니다.

저자 일동

* 2017년 일본정부관광국 발표

이 책의 구성

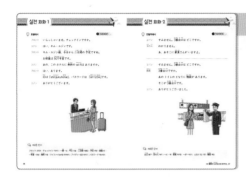

실전 회화 1, 2

일본 여행을 배경으로 한, 생생한 일본어 회화 문장 두 개로 구성되어 있습니다. 회화 문장에는 각 과에서 배울 문법과 표현 뿐만 아니라, 여행에서 자주 쓰는 어휘도 넣어 두었습니다. 일본인 네이티브의 음성으로 녹음된 음성 파일도 들어 있습니다.

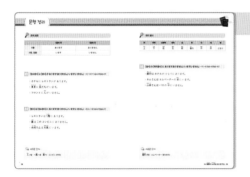

문형 정리

일본어 문법과 표현을 간단한 표 등으로 설명해 두었고, 여행에서 활용할 수 있는 다양한 예문을 통해 바로 익힐 수 있습니다.

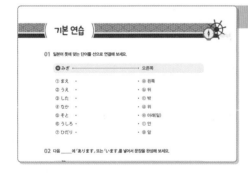

기본 연습

문형 정리에서 배운 문법과 표현을 다양한 연습 문제를 통해 확실하게 익힐 수 있습니다.

응용 연습

문형 정리와 기본 연습을 통해 익힌 내용을 일본 여행 상황에 맞게 응용해서 사용할 수 있도록 한 교체 연습입니다. 다양한 반복 연습을 통해 확실히 익힐 수 있습니다.

회화 연습

앞에서 배운 내용을 활용해서 실제 상황에서도 일본어로 말할 수 있도록 구성된 회화 연습입니다. 여행에 관련된 내용으로 구성되어 있어 재밌게 연습할 수 있습니다.

일본 여행 TIP

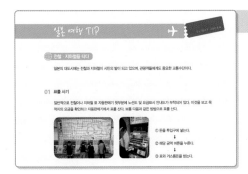

일본 여행에 꼭 필요한 정보와 일본 문화를 생생한 현장 사진과 함께 재밌게 배울 수 있습니다.

별책

바로 쓰는 포인트 회화

일본 여행에서 꼭 필요한 회화 표현을 상황별로 정리해 두었습니다. 일본어 회화 문장 위에 실제 발음에 가장 가깝게 표기한 한국어 독음이 있어, 현장에서 바로 활용할 수 있습니다.
여행시 휴대하기 편한 사이즈로 되어 있습니다.

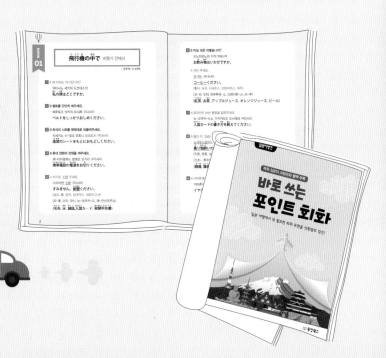

01

日本語の文字
(ひらがな)

일본어 문자(히라가나)

PASSPORT

🔊 학습목표

일본어의 기본적인 문자 히라가나(**ひらがな**)를 읽고
쓰면서 외웁시다.

🐦 Key Point

- 청음
- 반탁음
- 발음
- 장음

- 탁음
- 촉음
- 요음

히라가나

일본어의 문자는 히라가나, 가타카나, 한자로 구성되어 있으며, 그 중 히라가나는 가장 기본적인 문자 입니다. 기본 문자인 청음은 46자로 구성되어 있고 그 외 탁음, 반탁음, 촉음, 발음, 요음, 장음이 있습니다.

01 청음 (清音)

히라가나의 기본이 되는 청음은 모음 5개로 이루어진 단(段)과 10개의 행(行)으로 구성되어 있습니다. 현재 사용되는 청음은 46자이며, 단과 행으로 이루어지는 표를 50음도(50音図)라고 합니다.

	あ단	い단	う단	え단	お단
あ행	あ [a]	い [i]	う [u]	え [e]	お [o]
か행	か [ka]	き [ki]	く [ku]	け [ke]	こ [ko]
さ행	さ [sa]	し [shi]	す [su]	せ [se]	そ [so]
た행	た [ta]	ち [chi]	つ [tsu]	て [te]	と [to]
な행	な [na]	に [ni]	ぬ [nu]	ね [ne]	の [no]
は행	は [ha]	ひ [hi]	ふ [fu]	へ [he]	ほ [ho]
ま행	ま [ma]	み [mi]	む [mu]	め [me]	も [mo]
や행	や [ya]		ゆ [yu]		よ [yo]
ら행	ら [ra]	り [ri]	る [ru]	れ [re]	ろ [ro]
わ행	わ [wa]				を [o]

ん
[N]

★「ん」은 단에도 행에도 속하지 않은 특별한 히라가나입니다.
★「お」와 「を」는 글자는 다르지만 발음이 같습니다.

10

02 탁음 (濁音)

Track 01-02

か행 · さ행 · た행 · は행에 탁점 (ﾞ)을 붙인 것을 탁음(濁音)이라 합니다.

が [ga]	ぎ [gi]	ぐ [gu]	げ [ge]	ご [go]
ざ [za]	じ [ji]	ず [zu]	ぜ [ze]	ぞ [zo]
だ [da]	ぢ [ji]	づ [zu]	で [de]	ど [do]
ば [ba]	び [bi]	ぶ [bu]	べ [be]	ぼ [bo]

★「じ」와 「ぢ」, 「ず」와 「づ」는 글자는 다르지만 발음이 같습니다. 단어마다 사용되는 글자가 정해져 있으니, 구별해서 써야 합니다.

03 반탁음 (半濁音)

Track 01-03

は행에 반탁점 (ﾟ)을 붙인 것을 반탁음이라 합니다. 외래어, 의성어 · 의태어에 사용되는 경우가 많습니다.

ぱ [pa]	ぴ [pi]	ぷ [pu]	ぺ [pe]	ぽ [po]

04 촉음 (促音)

Track 01-04

「っ」를 작게 쓴 글자로 표기하며, 뒤에 오는 글자에 따라서 발음이 달라집니다. 한국어의 받침과는 달리 한 박자의 길이를 가진 문자이므로 발음할 때 주의가 필요합니다.

「っ」+ か행	'ㄱ' [k]으로 발음	いっかい [ikkai] 1층
「っ」+ さ행	'ㅅ' [s]으로 발음	いっさい [issai] 1살
「っ」+ た행	'ㄷ' [t]으로 발음	いったい [ittai] 도대체
「っ」+ ぱ행	'ㅂ' [p]으로 발음	いっぱい [ippai] 가득

05 발음 (撥音)

Track 01-05

「ん」으로 표기하며 뒤에 오는 글자에 따라서 발음이 달라집니다. 한국어의 받침과는 달리, 한 박자의 길이를 가진 문자이니 발음할 때 주의가 필요합니다.

「ん」＋ま・ば・ぱ행	'ㅁ' [m]으로 발음	さんぽ [sampo] 산책
「ん」＋さ・ざ・た・だ・な・ら행	'ㄴ' [n]으로 발음	かんじ [kanji] 한자
「ん」＋か・が행	'ㅇ' [ŋ]으로 발음	かんこく [kaŋkoku] 한국
「ん」＋あ・は・や・わ행. 문장 끝에 올 때	'ㄴ' 과 'ㅇ' 중간 [N]으로 발음	でんわ [deNwa] 전화

06 요음 (拗音)

Track 01-06

「い」를 제외한 い단 글자 뒤에 「や・ゆ・よ」를 작게 쓴 글자를 붙인 것을 요음(拗音)이라 합니다. 촉음(促音)이나 발음(撥音)과는 달리 앞 글자와 함께 한 박자로 발음합니다.

きゃ [kya]	きゅ [kyu]	きょ [kyo]
しゃ [sya]	しゅ [syu]	しょ [syo]
ちゃ [cya]	ちゅ [cyu]	ちょ [cyo]
にゃ [nya]	にゅ [nyu]	にょ [nyo]
ひゃ [hya]	ひゅ [hyu]	ひょ [hyo]
みゃ [mya]	みゅ [myu]	みょ [myo]
りゃ [rya]	りゅ [ryu]	りょ [ryo]

ぎゃ [gya]	ぎゅ [gyu]	ぎょ [gyo]
ぢゃ [ja]	ぢゅ [ju]	ぢょ [jo]
じゃ [ja]	じゅ [ju]	じょ [jo]
びゃ [bya]	びゅ [byu]	びょ [byo]
ぴゃ [pya]	ぴゅ [pyu]	ぴょ [pyo]

07 장음 (長音)

 Track 01-07

한 단어 안에 모음이 중복되는 경우에 앞 모음을 길게 발음하는 것을 장음(長音)이라고 합니다.

あ단 + 「あ」	い단 + 「い」	う단 + 「う」	え단 + 「え」 え단 + 「い」	お단 + 「お」 お단 + 「う」
おかあさん [oka:saN] 어머니	かわいい [kawai:] 귀엽다	すうじ [su:ji] 숫자	おねえさん [one:saN] 언니, 누나 えいご [e:go] 영어	とおい [to:i] 멀다 こうえん [ko:eN] 공원

▶ 다음 단어를 소리 내어 읽어 봅시다.

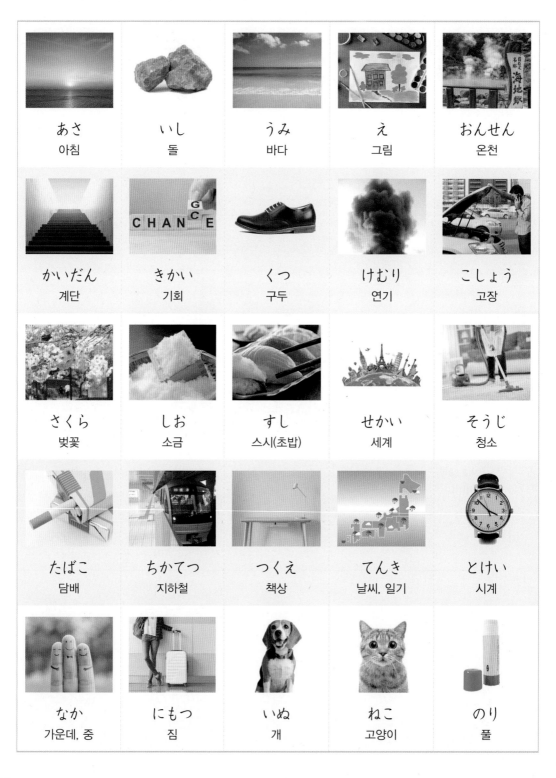

あさ 아침	いし 돌	うみ 바다	え 그림	おんせん 온천
かいだん 계단	きかい 기회	くつ 구두	けむり 연기	こしょう 고장
さくら 벚꽃	しお 소금	すし 스시(초밥)	せかい 세계	そうじ 청소
たばこ 담배	ちかてつ 지하철	つくえ 책상	てんき 날씨, 일기	とけい 시계
なか 가운데, 중	にもつ 짐	いぬ 개	ねこ 고양이	のり 풀

はし 젓가락	ひこうき 비행기	ふね 배	へや 방	ほん 책
まえ 앞	みぎ 오른쪽	むし 벌레	めがね 안경	もも 복숭아
やま 산		ゆき 눈		よる 밤
さら 접시	りんご 사과	るすばん 집보기	れいぞうこ 냉장고	ろうそく 양초
わしょく 일식				

▶ 다음 단어를 읽으면서 하단에 써 봅시다.

あさ	いし	うみ	え	おんせん
あさ				
かいだん	きかい	くつ	けむり	こしょう
さくら	しお	すし	せかい	そうじ
たばこ	ちかてつ	つくえ	てんき	とけい
なか	にもつ	いぬ	ねこ	のり

はし	ひこうき	ふね	へや	ほん
まえ	みぎ	むし	めがね	もも
やま		ゆき		よる
さら	りんご	るすばん	れいぞうこ	ろうそく
わしょく				

02

日本語の文字
（カタカナ）

일본어 문자(가타카나)

PASSPORT

🔊 학습목표

일본어의 기본적인 문자 가타카나(**カタカナ**)를 읽고
쓰면서 외웁시다.

🕐 Key Point

- 청음
- 장음
- 외래어를 위한 특수표기

가타카나

가타카나는 주로 외래어, 의성어 · 의태어 등을 표기할 때 사용하며 강조할 때 사용하기도 합니다. 구성과 발음은 히라가나와 같습니다. 탁음, 반탁음, 촉음, 발음, 요음은 히라가나와 동일하게 만들 수 있지만, 장음은 표기방법이 다르므로 주의가 필요합니다. 또한 가타카나만의 특수표기도 알아두어야 합니다.

01 청음 (清音)

Track 02-01

	ア단	イ단	ウ단	エ단	オ단
ア행	ア [a]	イ [i]	ウ [u]	エ [e]	オ [o]
カ행	カ [ka]	キ [ki]	ク [ku]	ケ [ke]	コ [ko]
サ행	サ [sa]	シ [shi]	ス [su]	セ [se]	ソ [so]
タ행	タ [ta]	チ [chi]	ツ [tsu]	テ [te]	ト [to]
ナ행	ナ [na]	ニ [ni]	ヌ [nu]	ネ [ne]	ノ [no]
ハ행	ハ [ha]	ヒ [hi]	フ [fu]	ヘ [he]	ホ [ho]
マ행	マ [ma]	ミ [mi]	ム [mu]	メ [me]	モ [mo]
ヤ행	ヤ [ya]		ユ [yu]		ヨ [yo]
ラ행	ラ [ra]	リ [ri]	ル [ru]	レ [re]	ロ [ro]
ワ행	ワ [wa]				ヲ [o]
	ン [N]				

02 장음 (長音)

가타카나의 장음은 「ー」를 사용해서 표기합니다.

ア단	イ단	ウ단	エ단	オ단
カーテン	ビール	スーパー	ケーキ	トースト
[ka:teN]	[bi:ru]	[su:pa:]	[ke:ki]	[to:sto]
커튼	맥주	슈퍼	케이크	토스트

03 외래어를 위한 특수표기

외래어를 표기하기 위한 특수한 표기가 있습니다.

① 「ア・イ・ウ・エ・オ」를 작게 써서 표기합니다.

ソファー[sofa:] 소파　　フィルター[firuta:] 필터　　トゥモロー[tumoro:] 내일

カフェ[kafe] 카페　　フォーク[fo:ku] 포크

② 「ウ」에 [゛]을 붙이고 V 발음을 나타냅니다.

ヴァイオリン[vaioriN] 바이올린　　ルイ・ヴィトン[ruivitoN] 루이 뷔통

읽기 연습

▶ 다음 단어를 소리 내어 읽어 봅시다.

アジア 아시아	インターネット 인터넷	ウイスキー 위스키	エレベーター 엘리베이터	オープン 오픈
カメラ 카메라	キー 키, 열쇠	クレジットカード 신용카드	ケーキ 케이크	コーヒー 커피
サウナ 사우나	シーソー 시소	スープ 스프	セルフ 셀프	ソウル 서울
タクシー 택시	チケット 티켓	ツアー 투어	テレビ 텔레비전	トイレ 화장실
ナイフ 나이프	ニュース 뉴스	ヌードル 국수	ネクタイ 넥타이	ノート 노트

 ハム 햄	 ヒーター 히터	 フロント 프런트	 ヘルメット 헬멧	 ホテル 호텔
 マフラー 머플러	 ミルク 우유	 ムード 무드	 メモ 메모	 モニター 모니터
 ヤクルト 야쿠르트		 ユーターン 유턴		 ヨガ 요가
 ラジオ 라디오	 リモコン 리모컨	 ルームサービス 룸서비스	 レストラン 레스토랑, 식당	 ロビー 로비

ワイン
와인

➕ 심화 읽기 연습

- ウェイター 웨이터
- チェックイン 체크인
- ファン 팬

- フォックス 폭스
- ウォーター 워터
- フィナーレ 피날레

- ジェット 제트
- デュエット 듀엣
- カフェ 카페

▶ 다음 단어를 읽으면서 하단에 써 봅시다.

アジア	インターネット	ウイスキー	エレベーター	オープン
アジア				
カメラ	キー	クレジットカード	ケーキ	コーヒー
サウナ	シーソー	スープ	セルフ	ソウル
タクシー	チケット	ツアー	テレビ	トイレ
ナイフ	ニュース	ヌードル	ネクタイ	ノート

ハム	ヒーター	フロント	ヘルメット	ホテル
マフラー	ミルク	ムード	メモ	モニター
ヤクルト		ユーターン		ヨガ
ラジオ	リモコン	ルームサービス	レストラン	ロビー
ワイン				

03

あいさつ

인사

🔊 학습목표

여행에서 자주 사용하는 인사 표현과 관용어를 익힙
시다.

🧭 Key Point

- 아침 · 점심 · 저녁 · 밤 인사
- 감사와 사죄의 표현
- '네 / 아니요'의 표현
- 부탁의 표현
- 자주 듣는 관용 표현

인사 표현

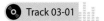

▶ 아침 · 점심 · 저녁 · 밤 인사　　　　　　　　　　　　　　Track 03-01

おはよう(ございます) 안녕하세요 (아침 인사)

일본어의 인사는 시간에 따라 다릅니다. 아침에 만났을 때는 「おはようございます」라고 인사하며, '잘 잤어요?, 안녕히 주무셨어요?'라는 인사로도 쓰입니다. 하루 시작을 가장 적절하게 표현하는 인사말로, 호텔 프런트나 아침 식사를 할 때, 레스토랑 등에서도 자주 사용합니다. 친구나 손아랫사람에게는 「おはよう(안녕)」라고 합니다.

こんにちは 안녕하세요 (낮 인사)

「こんにちは」는 낮 동안에 누군가를 만나거나 방문할 때 하는 인사말입니다. 「こんにちは」라고 간단하게 인사하지만, 「こんにちは」 뒤에 '덥네요(暑いですね)', '춥네요(寒いですね)', '잘 지내요?(お元気ですか)' 등의 뜻이 함축되어 있습니다. 여기서의 「は」는 'ha'로 발음하지 않고, 'wa'로 발음한다는 것에 주의합시다.

こんばんは 안녕하세요 (밤 인사)

「こんばんは」는 날이 저물고 나서 저녁에 누군가를 만나거나 방문했을 때 사용하는 인사말입니다. 우리말의 '안녕하세요?'만큼 자주 사용하지는 않지만, 알아두어야 하는 표현입니다. 「は」는 'ha'로 발음하지 않고, 'wa'로 발음한다는 것에 주의합시다.

> 💡 **Tip.** 「おはよう」, 「こんにちは」, 「こんばんは」의 사용 구분은?
>
> 정확한 시간은 정해져 있지 않으며 상황이나 업종에 따라서 차이가 있습니다. 일반적으로는 「おはよう」는 오전 10시 정도까지, 「こんにちは」는 해가 질 때까지, 「こんばんは」는 해가 진 후부터 사용하는 경우가 많습니다.

おやすみなさい 안녕히 주무세요

「おやすみなさい」는 자기 전이나 밤에 헤어질 때 하는 인사말입니다. 가족이나 애인에게 자주 사용하는 '좋은 꿈 꾸세요'라는 의미로도 사용됩니다. 일본 여행 시, 밤에 체크인하고 방으로 들어갈 때 호텔 직원으로부터 「おやすみなさい」라는 인사를 들을 경우가 많습니다.

▶ **감사와 사죄의 표현** 🔘 Track 03-02

> **すみません** 죄송합니다 / 고맙습니다 / 저기요

「**すみません**」이라는 말 한마디로 일본을 여행할 수 있다고 농담 섞어 말하는 사람도 있을 정도로 다양한 상황에서 사용할 수 있는 편리한 인사 표현입니다. 가벼운 사과나 감사 인사를 할 때, 또는 누군가를 부르거나 의뢰할 때 주로 사용합니다. 매우 편리한 표현이므로 꼭 알아둡시다.

> **ありがとう(ございます)** 고맙습니다

감사의 마음을 표현할 때 사용하며 친한 사람에게는 가볍게 「**ありがとう**」라고 하기도 합니다.
우리말과 조금 다른 점은 과거형 「**ありがとうございました**」를 사용하는 경우가 많다는 점입니다.

▶ **'네 / 아니요'의 표현** 🔘 Track 03-03

> **はい/いいえ** 네 / 아니요

질문에 대한 답은, 「**はい/いいえ**」입니다. 우리말의 '네 / 아니요'와 같은 뜻으로 외워서 사용해 봅시다.

▶ **부탁의 표현** 🔘 Track 03-04

> **おねがいします** 부탁합니다

부탁할 때 사용하는 표현입니다. 원하는 것이나 해주기를 바라는 것 뒤에 「**おねがいします**」를 붙이면 여러 상황에서 편리하게 사용할 수 있습니다. 예를 들어, 「**コーヒー おねがいします**(커피 부탁합니다)」, 「**会計 おねがいします**(계산을 부탁합니다)」와 같이 사용합니다.
또, 「**よろしく おねがいします**」와 같이 앞에 「**よろしく**」를 붙이면 자기소개나 의뢰의 표현으로 '잘 부탁드립니다'라는 의미로 사용할 수 있습니다.

> **～ください** ～주세요

「**ください**」는 우리말과 마찬가지로 '～주세요(ください)' 앞에 원하는 것이나 해주기를 바라는 것을 붙여서 여러 상황에서 사용할 수 있습니다. 예를 들어, 「**これ ください**(이것 주세요)」, 「**みせて ください**(보여주세요)」처럼 쇼핑, 식사 등을 할 때 폭넓게 응용할 수 있습니다.

▶ 자주 듣는 관용 표현

Track 03-05

일본여행을 하다 보면 앞에 나온 것 외에 자주 듣게 되는 인사말이나 관용표현들이 있습니다. 여행자가 사용하는 일은 많지 않겠지만, 상점이나 호텔 등에서 자주 사용되는 표현이므로 꼭 외워 둡시다.

いらっしゃいませ。	어서 오세요.
かしこまりました。	알겠습니다.
少々 お待ちください(ませ)。	잠시만 기다리세요.
おもちします。	갖다 드리겠습니다.
よろしいですか。	좋습니까?, 괜찮으시겠습니까?
お待たせいたしました。	오래 기다리셨습니다.
いってらっしゃい(ませ)。	잘 다녀오십시오.
お帰りなさい(ませ)。	잘 다녀오셨습니까?
申し訳ございません。	죄송합니다(드릴 말씀이 없습니다).
どうぞ	어서, 자, ～하세요

기본 연습

01 다음의 단어를 읽고 써 보세요.

① はい	② いいえ	③ すみません
④ おはようございます	⑤ こんにちは	⑥ ありがとうございます
⑦ こんばんは	⑧ おねがいします	⑨ いらっしゃいませ
⑩ ください	⑪ どうぞ	⑫ お帰りなさいませ

02 뜻이 같은 것끼리 연결해 보세요.

① いらっしゃいませ ・ ・ⓐ 고맙습니다

② こんにちは ・ ・ⓑ 어서 오세요

③ ください ・ ・ⓒ 안녕하세요(아침 인사)

④ おはようございます ・ ・ⓓ 죄송합니다

⑤ すみません ・ ・ⓔ 주세요

⑥ おねがいします ・ ・ⓕ 안녕하세요(밤 인사)

⑦ こんばんは ・ ・ⓖ 부탁합니다

⑧ ありがとうございます ・ ・ⓗ 안녕히 주무세요

⑨ おやすみなさい ・ ・ⓘ 안녕하세요(낮 인사)

⑩ かしこまりました ・ ・ⓙ 알겠습니다

▶ 그림과 같은 상황에 적절한 인사말을 써 보세요.

예  → おはようございます。

①  →

② →

③ →

④ →

⑤ →

⑥ →

회화 연습

▶ 예와 같이 간단한 주문을 연습해 봅시다. (Ⓐ: 손님 Ⓑ: 점원)

> 예 Ⓐ すみません。<u>コーヒー</u> ください。
>
> Ⓑ はい、かしこまりました。

예 コーヒー
커피

① みず
水
물

② はし
젓가락

③ ケーキ
케이크

④ メニュー
메뉴

⑤ ちゃ
お茶
녹차

① Ⓐ ＿＿＿＿＿＿＿＿＿＿＿＿＿＿＿＿＿＿＿＿＿＿＿＿＿＿＿

Ⓑ ＿＿＿＿＿＿＿＿＿＿＿＿＿＿＿＿＿＿＿＿＿＿＿＿＿＿＿

② Ⓐ ＿＿＿＿＿＿＿＿＿＿＿＿＿＿＿＿＿＿＿＿＿＿＿＿＿＿＿

Ⓑ ＿＿＿＿＿＿＿＿＿＿＿＿＿＿＿＿＿＿＿＿＿＿＿＿＿＿＿

③ Ⓐ ＿＿＿＿＿＿＿＿＿＿＿＿＿＿＿＿＿＿＿＿＿＿＿＿＿＿＿

Ⓑ ＿＿＿＿＿＿＿＿＿＿＿＿＿＿＿＿＿＿＿＿＿＿＿＿＿＿＿

④ Ⓐ ＿＿＿＿＿＿＿＿＿＿＿＿＿＿＿＿＿＿＿＿＿＿＿＿＿＿＿

Ⓑ ＿＿＿＿＿＿＿＿＿＿＿＿＿＿＿＿＿＿＿＿＿＿＿＿＿＿＿

⑤ Ⓐ ＿＿＿＿＿＿＿＿＿＿＿＿＿＿＿＿＿＿＿＿＿＿＿＿＿＿＿

Ⓑ ＿＿＿＿＿＿＿＿＿＿＿＿＿＿＿＿＿＿＿＿＿＿＿＿＿＿＿

04

宿泊は
どこですか。

しゅく はく

숙박은 어디입니까?

PASSPORT

학습목표

일본어 회화에서 가장 기본적인 문형「**～は ～です**」를 사용한 간단한 표현을 할 수 있도록 합시다.

Key Point

· ～は ～です
· ～は ～じゃ ありません
· ～は ～ですか
· こ· そ· あ· ど

📍 입국심사에서

🔊 Track 04-01

審査官（しんさかん）　韓国（かんこく）からですか？

ユジン　　　　　はい、そうです。

審査官（しんさかん）　旅行（りょこう）の 目的（もくてき）は なんですか。

ユジン　　　　　かんこうです。

審査官（しんさかん）　宿泊（しゅくはく）は どこですか。

ユジン　　　　　新宿（しんじゅく）ホテルです。

審査官（しんさかん）　はい、いいですよ。

💬 새로운 단어

審査官（しんさかん）심사관 | 韓国（かんこく）한국 | 〜から 〜에서 | そうです 그렇습니다 | 旅行（りょこう）여행 | 〜の 〜의 | 目的（もくてき）목적 |
〜は 〜은/는 | なん 무엇 | かんこう 관광 | 宿泊（しゅくはく）숙박 | どこ 어디 | ホテル 호텔 | いいですよ 좋습니다

📍 세관심사에서

🔴 Track 04-02

<ruby>審査官<rt>しんさかん</rt></ruby>　<ruby>荷物<rt>にもつ</rt></ruby>は これですか。

ユジン　はい、そうです。

<ruby>審査官<rt>しんさかん</rt></ruby>　これは <ruby>酒<rt>さけ</rt></ruby>ですか。

ユジン　いいえ、これは <ruby>酒<rt>さけ</rt></ruby>じゃ ありません。<ruby>お茶<rt>ちゃ</rt></ruby>です。

<ruby>審査官<rt>しんさかん</rt></ruby>　わかりました。いいですよ。

💬 새로운 단어

<ruby>荷物<rt>にもつ</rt></ruby> 짐 | これ 이것 | <ruby>酒<rt>さけ</rt></ruby> 술 | <ruby>お茶<rt>ちゃ</rt></ruby> (마시는)차

---

01 ~は ~です ~은/는 ~입니다

・わたしは 韓国人<ruby>かんこくじん</ruby>です。

・これは 本<ruby>ほん</ruby>です。

・目的<ruby>もくてき</ruby>は かんこうです。

---

02 ~は ~じゃ ありません ~은/는 ~이/가 아닙니다

・わたしは 日本人<ruby>にほんじん</ruby>じゃ ありません。

・ユジンさんは 会社員<ruby>かいしゃいん</ruby>じゃ ありません。

・これは パスポートじゃ ありません。

 새로운 단어

韓国人<ruby>かんこくじん</ruby> 한국인 | 本<ruby>ほん</ruby> 책 | 日本人<ruby>にほんじん</ruby> 일본인 | 会社員<ruby>かいしゃいん</ruby> 회사원 | パスポート 여권

03 **～は ～ですか** ～은/는 ～입니까?

- 荷物は これですか。
- あなたは 学生ですか。
- それは さいふですか。

04 **こ・そ・あ・ど** 이・그・저・어느

	こ	そ	あ	ど
사물	これ 이것	それ 그것	あれ 저것	どれ 어느 것
장소	ここ 여기	そこ 거기	あそこ 저기	どこ 어디
방향	こちら 이쪽	そちら 그쪽	あちら 저쪽	どちら 어느 쪽
명사 연결	この 이	その 그	あの 저	どの 어느

- 田中さんの 荷物は これです。
- あそこは バス停です。
- 出口は どこですか。

💬 **새로운 단어**

あなた 당신 | 学生 학생 | さいふ 지갑 | バス停 버스정류장 | 出口 출구

기본 연습

01 다음 단어를 사용하여 예와 같이 「～は～です」 형태로 문장을 완성해서 써 보세요.

> **예** それ / 日本の さけ　→　それは 日本の さけです。

① わたし / 韓国人　→　_____

② パスポート / これ　→　_____

③ ここ / タクシー乗り場　→　_____

④ トイレ / あちら　→　_____

⑤ 旅行の 目的 / 留学　→　_____

02 다음 문장을 예와 같이 부정형으로 바꿔 써 보세요.

> **예** それは 日本の さけです。　→　それは 日本の さけじゃ ありません。

① 宿泊は ホテルです。　→　_____

② 田中さんは 学生です。　→　_____

③ あそこは 出口です。　→　_____

④ それは ユジンさんの 荷物です。　→　_____

⑤ バス停は こちらです。　→　_____

💬 **새로운 단어**

留学 유학 ㅣ タクシー 택시 ㅣ 乗り場 타는 장소, 승차장 ㅣ トイレ 화장실

응용 연습

▶ 짝을 지어 다음 제시 내용을 물어보세요. ○의 경우 「はい、そうです(네, 그렇습니다)」,
×의 경우 「いいえ、ちがいます(아니요, 그렇지 않습니다)」로 대답해 보세요.

예 出口 / こちら

Ⓐ 出口は こちらですか。

Ⓑ (○의 경우) はい、そうです。

(×의 경우) いいえ、ちがいます。

① 田中さん / 会社員
Ⓐ _____

Ⓑ (×) _____

② それ / 韓国の 化粧品
Ⓐ _____

Ⓑ (○) _____

③ タクシー乗り場 / あちら
Ⓐ _____

Ⓑ (○) _____

④ お客様の かばん / これ
Ⓐ _____

Ⓑ (×) _____

⑤ 旅行の 目的 / ビジネス
Ⓐ _____

Ⓑ (○) _____

💬 새로운 단어

化粧品 화장품 ┃ お客様 손님 ┃ かばん 가방 ┃ ビジネス 비즈니스

회화 연습

▶ 다음 표를 보면서 자유롭게 묻고 대답해 보세요.

	スミス	パク	チャン	キム
여행 목적 (旅行の 目的)	語学研修	観光	留学	ビジネス
숙박(宿泊)	友だちの 家	ゲストハウス	大学の 寮	ホテル
가방 안 (かばんの 中)	カメラ	のり	本	服

예 Ⓐ <u>チャンさん</u>の <u>旅行の 目的</u>は なんですか。 Ⓑ <u>留学</u>です。

　 Ⓐ <u>スミスさん</u>の <u>宿泊</u>は どこですか。 Ⓑ <u>友だちの 家</u>です。

　 Ⓐ <u>パクさん</u>の <u>かばんの 中</u>は なんですか。 Ⓑ <u>のり</u>です。

① Ⓐ ＿＿＿の＿＿＿＿＿は、なんですか。 Ⓑ ＿＿＿＿＿＿＿です。

② Ⓐ ＿＿＿の＿＿＿＿＿は、なんですか。 Ⓑ ＿＿＿＿＿＿＿です。

③ Ⓐ ＿＿＿の＿＿＿＿＿は、なんですか。 Ⓑ ＿＿＿＿＿＿＿です。

④ Ⓐ ＿＿＿の＿＿＿＿＿は、どこですか。 Ⓑ ＿＿＿＿＿＿＿です。

⑤ Ⓐ ＿＿＿の＿＿＿＿＿は、どこですか。 Ⓑ ＿＿＿＿＿＿＿です。

💬 새로운 단어

語学研修 어학 연수 | 友だち 친구 | 家 집 | ゲストハウス 게스트하우스 | のり (먹는)김 | 大学 대학 | 寮 기숙사 |

ホテル 호텔 | 服 옷

입국 카드 작성 방법(入国カードの書き方)

일본 입국 신고서는 항공기에 탑승하면, 승무원이 나누어 준다. 출발 전 미리 쓸 내용을 확인해 두고, 일본에 도착하기 전에 비행기 안에서 기입해 두자.

外国人入国記録 외국인 입국기록			【 ARRIVAL 】
英語又は日本語で記載して下さい。영어 또는 일본어로 기재해 주십시오.			
氏 名 이름	영문 성 ①	영문 이름 ②	
生年月日 생년월일 ③	日 일　月 월　年 년	現住所 현주소	国名 나라명 ④　都市名 도시명 ⑤
渡航目的 도항 목적 ⑥	□ 観光 관광　□ 商用 상용　□ 親族訪問 친척방문	航空機便名・船名 도착 항공기 편명・선명 ⑦	
	□ その他 기타 (　　　　　)	日本滞在予定期間 일본 체재 예정기간 ⑧	
日本の連絡先 일본의 연락지 ⑨			TEL 전화번호

裏面の質問事項について、該当するものに☑を記入して下さい。　뒷면의 질문사항 중 해당되는 것에 ☑ 표시를 기입해 주십시오.

1. 日本での退去強制歴・上陸拒否歴の有無 일본에서의 강제퇴거 이력・상륙거부 이력 유무 ⑩	□ はい 예	□ いいえ 아니오
2. 有罪判決の有無(日本での判決に限らない) 유죄판결의 유무 (일본 내외의 모든 판결) ⑪	□ はい 예	□ いいえ 아니오
3. 規制薬物・銃砲・刀剣類・火薬類の所持 규제약물・총포・도검류・화약류의 소지 ⑫	□ はい 예	□ いいえ 아니오

以上の記載内容は事実と相違ありません。 이상의 기재 내용은 사실과 틀림 없습니다.

署名 서명 ⑬

모든 내용은 영어 또는 일본어로 써야 한다. [파란 글씨는 기입 예]

❶ 성-영어 ┃ 김 ➜ KIM

❷ 이름-영어 ┃ 민수 ➜ MINSU

❸ 생년월일 ┃ 1998년 4월 10일 ➜ 10041998

❹ 현주소 : 나라명 ┃ 한국 ➜ KOREA

❺ 현주소 : 도시명 ┃ 서울 ➜ SEOUL

❻ 도항 목적 ┃ 도항 목적은 観光(관광), 商用(상용), 親族訪問(친척방문), その他(기타) 중에 체크하고 その他(기타)는 내용을 기입한다.
　　　　　예 語学研修(어학연수), 留学(유학), ワーキングホリデー(워킹홀리데이)

❼ 도착 항공기 편명 ┃ 비행기 티켓으로 편명 확인 KE906

❽ 일본 체재 예정 기간 ┃ 5days

❾ 일본의 연락처 ┃ 숙박소 이름과 전화번호 TOKYO HOTEL 03-5155-xxxx

❿ 일본에서의 강제퇴거 이력 · 상륙거부 이력 유무 ┃ 뒷면의 질문을 읽고 해당내용 체크

⓫ 유죄판결의 유무 [일본 내외의 모든 판결] ┃ 뒷면의 질문을 읽고 해당내용 체크

⓬ 규제약물 · 총포 · 도검류 · 화약류의 소지 ┃ 뒷면의 질문을 읽고 해당내용 체크

⓭ 서명 ┃ 여권과 동일한 서명

★주의★ ❿, ⓫, ⓬ 번은 「はい」로 체크하면 **입국거부**를 당할 수도 있으니 주의가 필요하다.

05

バスは
5時 20分です。
<ruby>ご<rt>ご</rt></ruby><ruby>じ<rt>じ</rt></ruby> <ruby>にじゅっ<rt>にじゅっ</rt></ruby><ruby>ぷん<rt>ぷん</rt></ruby>

버스는 5시 20분입니다.

🔊 학습목표

간단한 숫자와 시간을 말하는 방법을 학습합시다.

🕐 Key Point

- 숫자 (1)
- 시간과 분

📍 버스 정류장에서

🔘 Track 05-01

ユジン　　すみません、新宿行きのバスは何番ですか。

係員　　　10番です。

ユジン　　次のバスは何時ですか。

係員　　　5時20分です。

ユジン　　チケット売り場はどこですか。

係員　　　あちらです。

ユジン　　ありがとうございます。

💬 새로운 단어

係員 담당자 | ～行き ～행 | バス 버스 | 何番 몇 번 | 次 다음 | 何時 몇 시 | チケット 티켓 | 売り場 파는 곳

46

📍 **버스 안에서**

🔘 Track 05-02

ユジン あの、ここは 私の 席です。

男の人 え？ 何番ですか。

ユジン 私は 22の Aです。

男の人 私は 23の Aです。

ユジン ここは 22番ですよ。

男の人 あ、そうですね。すみません。

💬 **새로운 단어**

男の人 남자 | 席 자리 | ～よ ～네요(상대방에게 알려줄 때 사용) | ～ね ～군요

01 숫자 (1)

0	ゼロ / れい	10	じゅう	20	にじゅう
1	いち	11	じゅういち	30	さんじゅう
2	に	12	じゅうに	40	よんじゅう
3	さん	13	じゅうさん	50	ごじゅう
4	よん / し	14	じゅうよん / じゅうし	60	ろくじゅう
5	ご	15	じゅうご	70	ななじゅう
6	ろく	16	じゅうろく	80	はちじゅう
7	しち / なな	17	じゅうしち / じゅうなな	90	きゅうじゅう
8	はち	18	じゅうはち	100	ひゃく
9	きゅう / く	19	じゅうきゅう / じゅうく		

· 座席番号は 35の Bです。
　ざせきばんごう　　さんじゅうご　　ビー

· 電話番号は 02-585-3079です。
　でんわばんごう　　ぜろにのごはちごのさんぜろななきゅう

· 乗り場は 13番です。
　のりば　　じゅうさんばん

 새로운 단어

座席 좌석 | 番号 번호 | 電話 전화
ざせき　　　ばんごう　　　でんわ

1時	2時	3時	4時	5時	6時
いちじ	にじ	さんじ	よじ	ごじ	ろくじ
7時	8時	9時	10時	11時	12時
しちじ	はちじ	くじ	じゅうじ	じゅういちじ	じゅうにじ

1分	2分	3分	4分	5分	6分
いっぷん	にふん	さんぷん	よんぷん	ごふん	ろっぷん
7分	8分	9分	10分	20分	30分／半
ななふん	はっぷん	きゅうふん	じゅっぷん	にじゅっぷん	さんじゅっぷん／はん
40分	50分				
よんじゅっぷん	ごじゅっぷん				

오전	오후	몇 시	몇 분
ごぜん 午前	ごご 午後	なんじ 何時	なんぷん 何分

・出発は 午前 1時です。

・飛行機の 時間は 朝の 9時です。

・これは 午後 5時 出発の バスです。

💬 새로운 단어

出発 출발 | 飛行機 비행기 | 時間 시간 | 朝 아침

기본 연습

01 다음 숫자를 읽고 써 보세요.

① 2 → _____   ② 5 → _____   ③ 7 → _____

④ 8 → _____   ⑤ 9 → _____   ⑥ 30 → _____

⑦ 60 → _____   ⑧ 45 → _____   ⑨ 21 → _____

⑩ 86 → _____   ⑪ 54 → _____   ⑫ 78 → _____

02 다음 시계 그림의 시간을 읽고 써 보세요.

⑦ 12:30 → _____   ⑧ → _____

▶ 아래 사진을 보면서 예와 같이 전화번호를 안내해 보세요.

예 Ⓐ <u>カフェ</u>の 電話番号は 何番ですか。

Ⓑ <u>なななにの ゼロごはちさん</u>です。

예 カフェ

772-0583

① ホテル

531-4545

② 空港

544-2883

③ レストラン

582-1952

④ 駅

576-4653

⑤ 図書館

529-8783

⑥ 警察

110

⑦ 救急車
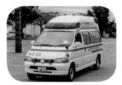
119

① Ⓐ _____ Ⓑ _____

② Ⓐ _____ Ⓑ _____

③ Ⓐ _____ Ⓑ _____

④ Ⓐ _____ Ⓑ _____

⑤ Ⓐ _____ Ⓑ _____

⑥ Ⓐ _____ Ⓑ _____

⑦ Ⓐ _____ Ⓑ _____

💬 새로운 단어

カフェ 카페 | 空港 공항 | レストラン 레스토랑 | 駅 역 | 図書館 도서관 | 警察 경찰 | 救急車 구급차

회화 연습

▶ 아래의 표는 신칸센 출발 안내판입니다. 예와 같이 출발시간, 행선지, 승강장을 묻고 답해보세요.

列車番号 Train No.	時刻 Time	行き先 Destination	乗り場 Tracks
のぞみ 11	8 : 50	大阪	23
こだま 53	9 : 00	博多	24
のぞみ 32	9 : 15	大阪	22
ひかり 45	10 : 30	大阪	23

> **예** Ⓐ ひかり45号の 出発時刻は 何時ですか。 Ⓑ 10時 30分です。
>
> Ⓐ のぞみ11号の 乗り場は 何番ですか。 Ⓑ 23番です。

① Ⓐ _____

　 Ⓑ _____

② Ⓐ _____

　 Ⓑ _____

③ Ⓐ _____

　 Ⓑ _____

④ Ⓐ _____

　 Ⓑ _____

⑤ Ⓐ _____

　 Ⓑ _____

💬 새로운 단어

列車 열차 | 時刻 시각 | 行き先 행선지

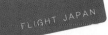

일본 여행 TIP

 버스를 타다

01 요금 시스템과 지불 방법

버스 요금은 정액운임제와 거리운임제가 있다. 주로 도시의 근거리 버스나 마을버스 등은 정액운임제, 중거리노선 버스는 거리운임제를 사용하고 있는 경우가 많다. 거리운임제의 경우 먼저 승차 시에 정리권을 뽑고 운전석 앞쪽에 있는 운임표에서 정리권 번호에 표시된 요금을 확인한 뒤, 내릴 때 요금함에 넣어 지불한다.

일본에서는 한국과 달리 일반적으로 뒤로 타고 앞으로 내리는 경우가 많다. 또한 내릴 때 운전석 옆의 요금함에 돈을 넣는 것이 일반적이다(정액제의 경우 앞에서 타고(선불) 뒤로 내리는 경우도 있다).

요금함은 보통 동전지폐교환기도 병설되어 있지만, 5천 엔과 1만 엔 지폐의 환전이 불가능한 경우도 있으므로 승차 전에 확인한다.

02 버스 내에서

하차할 정류장 전에 초인종을 눌러 둔다. 하차 할 때 미리 출구 앞에서 기다리는 것이 아니라, 버스 정류장에 버스가 완전히 멈추고 나서 일어난다. 최근에는 버스 차내에서의 사고나 부상방지를 위해 주행 중 승객의 이동을 제한하는 버스가 많으며, 차내의 안내방송에서 '버스가 완전히 정차 한 후 서도록' 주의를 당부하고 있다. 버스가 서기 전에 일찍 일어나지 않도록 한다.

또한 버스 안에서는 휴대 전화 통화를 하지 않은 것이 매너이므로 주의해야 한다.

06

無料_{むりょう}の wi-fi_{ワイファイ}は
ありますか。

무료 와이파이는 있습니까?

학습목표

「**ある**」, 「**いる**」를 사용한 존재를 나타내는 표현을 학습합시다.

Key Point

- 장소명사 に 명사 が あります(ありません) / います(いません)
- 명사 は 장소명사 に あります(ありません) / います(いません)
- 명사 の 위치명사 に あります(ありません) / います(いません)

📍 **호텔에서**

🔘 Track 06-01

フロント	いらっしゃいませ。チェックインですか。
ユジン	はい、キム・ユジンです。
フロント	キム・ユジン様、今日から 二日間の 予定ですね。
	お部屋は 507号室です。
ユジン	あの、この ホテルに 無料の wi-fiは ありますか。
フロント	はい、あります。
	IDは 「shinjukuhotel」、パスワードは 「sh1234」です。
ユジン	ありがとうございます。

💬 **새로운 단어**

フロント 프런트 ｜ チェックイン 체크인 ｜ ～様 ～님 ｜ 今日 오늘 ｜ 二日間 이틀간 ｜ 予定 예정 ｜ 部屋 방 ｜
～号室 ～호실 ｜ 無料 무료 ｜ ワイファイ(wi-fi) 와이파이 ｜ アイディー(ID) 아이디 ｜ パスワード 패스워드

📍 **전철역에서**

Track 06-02

ユジン	すみません。3番出口は どこですか。
女の人	わかりません。
	あ、あそこに 駅員さんが いますよ。

ユジン	すみません。3番出口は どこですか。
駅員	3番出口ですか。
	あの トイレの となりに 階段が あります。
	そこが 3番出口です。
ユジン	ありがとうございました。

💬 **새로운 단어**

出口 출구 | 女の人 여자 | ～に ～에 | 駅員 역무원 | ～が ～이/가 | となり 곁, 이웃 | 階段 계단

문형 정리

🔍 **존재 표현**

	있습니다	없습니다
사물	あります	ありません
사람, 동물	います	いません

01 [장소명사]に [명사]が あります(ありません)/います(いません) ~에 ~이/가 있습니다(없습니다)

- ホテルに レストランが あります。
- 東京に 友だちが います。
- フロントに 人が いません。

02 [명사]は [장소명사]に あります(ありません)/います(いません) ~은/는 ~에 있습니다(없습니다)

- レストランは 1階に あります。
- 薬は この コンビニに ありません。
- 木村さんは 大阪に います。

 💬 **새로운 단어**

人 사람 | ～階 ~층 | 薬 약 | コンビニ 편의점

위치 명사

위	아래	오른쪽	왼쪽	앞	뒤	안	밖	옆
<ruby>上<rt>うえ</rt></ruby>	<ruby>下<rt>した</rt></ruby>	<ruby>右<rt>みぎ</rt></ruby>	<ruby>左<rt>ひだり</rt></ruby>	<ruby>前<rt>まえ</rt></ruby>	<ruby>後<rt>うし</rt></ruby>ろ	<ruby>中<rt>なか</rt></ruby>	<ruby>外<rt>そと</rt></ruby>	となり

03 [명사]の [위치명사] に あります(ありません) / います(いません) ~의 ~에 있습니다(없습니다)

· <ruby>銀行<rt>ぎんこう</rt></ruby>は ホテルの となりに あります。

· キムさんは エレベーターの <ruby>前<rt>まえ</rt></ruby>に います。

· <ruby>山田<rt>やまだ</rt></ruby>さんは バスの <ruby>中<rt>なか</rt></ruby>に いません。

 새로운 단어

<ruby>銀行<rt>ぎんこう</rt></ruby> 은행 ┃ エレベーター 엘리베이터

기본 연습

01 일본어 뜻에 맞는 단어를 선으로 연결해 보세요.

예 みぎ •————————————————————• 오른쪽

① まえ　・　　　　　　　　　　・ ⓐ 왼쪽

② うえ　・　　　　　　　　　　・ ⓑ 뒤

③ した　・　　　　　　　　　　・ ⓒ 밖

④ なか　・　　　　　　　　　　・ ⓓ 위

⑤ そと　・　　　　　　　　　　・ ⓔ 아래(밑)

⑥ うしろ・　　　　　　　　　　・ ⓕ 안

⑦ ひだり・　　　　　　　　　　・ ⓖ 앞

02 다음 _____에 「あります」 또는 「います」를 넣어서 문장을 완성해 보세요.

예 近<small>ちか</small>くに コンビニが <u>あります</u>。

① 郵便局<small>ゆうびんきょく</small>が _____

② ねこが _____

③ 先生<small>せんせい</small>が _____

④ パンフレットは _____

⑤ 約束<small>やくそく</small>が _____

⑥ フロントに 人<small>ひと</small>が _____

⑦ 無料<small>むりょう</small>の wi-fi<small>ワイファイ</small>が _____

⑧ ソファの 上<small>うえ</small>に 犬<small>いぬ</small>が _____

⑨ エレベーターの となりに トイレが _____

⑩ ホテルの 前<small>まえ</small>に バス停<small>てい</small>が _____

💬 **새로운 단어**

郵便局<small>ゆうびんきょく</small> 우체국 | ねこ 고양이 | 先生<small>せんせい</small> 선생님 | パンフレット 팸플릿 | 約束<small>やくそく</small> 약속 | ソファ 소파 | 犬<small>いぬ</small> 개

응용 연습

▶ 아래 그림을 보고 예와 같이 질문에 대답해 보세요.

┌─ 참고 단어 ─────────────┐
机 책상　ギター 기타
帽子 모자　絵 그림
└────────────────────────┘

예 窓の 下に 何が ありますか。　→　　ソファーが あります。

魚は どこに いますか。　→　　テレビの 横に います。

① けいたい電話は どこに ありますか。

→ _____

② いすの 下に 何が ありますか。

→ _____

③ 雑誌の 横に 何が ありますか。

→ _____

④ ねこは どこに いますか。

→ _____

⑤ パソコンは どこに ありますか。

→ _____

💬 새로운 단어

窓 창문 | 魚 물고기 | けいたい電話 휴대 전화 | いす 의자 | 雑誌 잡지 | パソコン 컴퓨터

회화 연습

▶ 예와 같이 둘이서 묻고 대답해 보세요.

> 예 あなたの 学校に カフェは ありますか。(당신의 학교에 카페는 있습니까?)
>
> (있는 경우) → はい、あります。
>
> (없는 경우) → いいえ、ありません。

① あなたの 町に 図書館は ありますか。

→ _____

② あなたの 家に 動物は いますか。

→ _____

③ あなたの 部屋に ベッドは ありますか。

→ _____

④ あなたの 家族に 高校生は いますか。

→ _____

⑤ あなたの かばんの 中に かさは ありますか。

→ _____

💬 새로운 단어

町 마을, 동네 | 家 집 | 動物 동물 | ベッド 침대 | 家族 가족 | 高校生 고등학생 | かさ 우산

 전철 · 지하철을 타다

일본의 대도시에는 전철과 지하철이 시민의 발이 되고 있으며, 관광객들에게도 중요한 교통수단이다.

01 표를 사기

일반적으로 전철이나 지하철 표 자동판매기 윗부분에 노선도 및 요금표시 안내도가 부착되어 있다. 이것을 보고 목적지의 요금을 확인하고 자동판매기에서 표를 산다. 보통 다음과 같은 방법으로 표를 산다.

① 돈을 투입구에 넣는다.
↓
② 해당 금액 버튼을 누른다.
↓
③ 표와 거스름돈을 받는다.

02 승차하기

홈에서 전철을 기다릴 때 줄을 서서 순서대로 승하차하며, 노란선 안쪽으로 물러나 기다린다. 또한, 일본 전철에서는 휴대전화 통화 사용을 하지 않는 것이 기본 매너이므로 삼가는 것이 좋다. 최근에는 임신 중임을 나타내는 '출산 마크'를 가방 등에 달고 있는 임산부도 있다. 일본에서도 노약자에게 자리를 양보하는 것은 중요하다.

전철에서 자주 사용되는 표현

- 電車が まいります。ご注意ください。 전철이 들어옵니다. 주의바랍니다.

- 次は ＿＿＿＿＿＿＿＿ です。 다음(역)은 ＿＿ 입니다.

- 降り口は 左(右)側、3番 ホームに 止まります。 내리는 문은 왼(오른)쪽, 3번 승강장으로 도착합니다.

- 乗り換えの ご案内です。 환승 안내입니다.

07

いくらですか。

얼마입니까?

📢 학습목표

큰 단위의 숫자를 배우고, 금액을 말할 수 있도록 합
시다.

🧭 Key Point

- 숫자 (2)
- **～は いくらですか**
- 사물을 세는 단위
- **～と ～ください**

📍 **선물가게에서**

🔊 Track 07-01

ユジン	あ、これは 有名^{ゆうめい}な チョコレートの お菓子^{かし}ですね。
	すみません。これは いくらですか。
店員^{てんいん}	1つ^{ひと} 2000円^{にせんえん}です。
ユジン	じゃあ、これは いくらですか。
店員^{てんいん}	こちらは、1200円^{せんにひゃくえん}です。
	一番^{いちばん} 人気^{にんき}の 商品^{しょうひん}です。
ユジン	そうですか。じゃあ、これ 3つ^{みっ} ください。
店員^{てんいん}	はい、全部^{ぜんぶ}で 3600円^{さんぜんろっぴゃくえん}です。

ROYCE CHOCOLATE

💬 **새로운 단어**

有名^{ゆうめい}な 유명한 | チョコレート 초콜릿 | お菓子^{かし} 과자 | 店員^{てんいん} 점원 | いくら 얼마 | じゃあ 그럼 |
一番^{いちばん} 제일, 가장 | 人気^{にんき}の 인기있는 | 商品^{しょうひん} 상품 | 全部^{ぜんぶ}で 전부해서, 모두

📍 카페에서

Track 07-02

店員 てんいん	いらっしゃいませ。ご注文^{ちゅうもん} どうぞ。
ユジン	コーヒー 1つと、チーズケーキ 2つ ください。
店員 てんいん	はい、かしこまりました。 全部^{ぜんぶ}で 1280円^{せんにひゃくはちじゅうえん}です。
ユジン	あ、クーポンが あります。
店員 てんいん	コーヒー 1杯^{いっぱい} サービスの クーポンですね。 では、合計^{ごうけい} 900円^{きゅうひゃくえん}です。
ユジン	クレジットカードでも 大丈夫^{だいじょうぶ}ですか。
店員 てんいん	はい、大丈夫^{だいじょうぶ}です。

💬 새로운 단어

注文^{ちゅうもん} 주문 | コーヒー 커피 | チーズケーキ 치즈케이크 | クーポン 쿠폰 | 1杯^{いっぱい} 한 잔 | では 그러면, 그럼 |

サービス 서비스 | 合計^{ごうけい} 합계 | クレジットカード 신용카드 | 〜でも 〜라도 | 大丈夫^{だいじょうぶ} 괜찮다

숫자 (2)

百(백)		千(천)		万(만)	
100	ひゃく	1,000	せん	10,000	いちまん
200	にひゃく	2,000	にせん	20,000	にまん
300	さんびゃく	3,000	さんぜん	30,000	さんまん
400	よんひゃく	4,000	よんせん	40,000	よんまん
500	ごひゃく	5,000	ごせん	50,000	ごまん
600	ろっぴゃく	6,000	ろくせん	60,000	ろくまん
700	ななひゃく	7,000	ななせん	70,000	ななまん
800	はっぴゃく	8,000	はっせん	80,000	はちまん
900	きゅうひゃく	9,000	きゅうせん	90,000	きゅうまん
				100,000	じゅうまん

01 〜は いくらですか 〜은/는 얼마입니까?

・この お菓子は いくらですか。

・あの 時計は いくらですか。

・こちらの かばんは いくらですか。

사물을 세는 단위

	사물, ~개 (~つ)	사람, ~명 (人)	~층 (階)	~잔 (杯)	~장 (枚)
1	ひとつ	ひとり	いっかい	いっぱい	いちまい
2	ふたつ	ふたり	にかい	にはい	にまい
3	みっつ	さんにん	さんがい	さんばい	さんまい
4	よっつ	よにん	よんかい	よんはい	よんまい
5	いつつ	ごにん	ごかい	ごはい	ごまい
6	むっつ	ろくにん	ろっかい	ろっぱい	ろくまい
7	ななつ	ななにん	ななかい	ななはい	ななまい
8	やっつ	はちにん	はっかい	はっぱい	はちまい
9	ここのつ	きゅうにん	きゅうかい	きゅうはい	きゅうまい
10	とお ★	じゅうにん	じゅっかい	じゅっぱい	じゅうまい
몇?	いくつ	何人	何階	何杯	何枚

★사물을 셀 때 10개는 「じゅっこ」라고 하는 경우가 많다.

02 ~と ~ください ~와/과 ~주세요

コーヒーと ミルクティー ください。

牛丼 ふたつと うどん ひとつ ください。

大人 1枚と 子供 2枚 ください。

💬 새로운 단어

ミルクティー 밀크 티 | 牛丼 소고기덮밥 | 大人 어른 | 子供 아이

01 예와 같이 다음 금액을 읽고 히라가나로 써 보세요.

> **예** 400円 → <u>よんひゃくえん</u>

① 160円 → _____ ② 850円 → _____

③ 900円 → _____ ④ 1,200円 → _____

⑤ 3,600円 → _____ ⑥ 7,390円 → _____

⑦ 9,610円 → _____ ⑧ 15,000円 → _____

⑨ 74,000 → _____ ⑩ 180,000円 → _____

02 예와 같이 세는 단위를 붙여서 히라가나로 써 보세요.

> **예** 10층 → <u>じゅっかい</u>

① 2명 → _____ ② 5장 → _____

③ 9개 → _____ ④ 4층 → _____

⑤ 8명 → _____ ⑥ 1잔 → _____

⑦ 3개 → _____ ⑧ 7층 → _____

응용 연습

▶ 아래 그림을 보고 예와 같이 질문에 답해 보세요.

예 ケーキは いくつ ありますか。　→　ふたつ あります。
　　男^{おとこ}の 人^{ひと}は 何人^{なんにん} いますか。　→　さんにん います。

① かばんは いくつ ありますか。→ _____

② ジュースは 何杯^{なんばい} ありますか。→ _____

③ 女^{おんな}の 人^{ひと}は 何人^{なんにん} いますか。　→ _____

④ いすは いくつ ありますか。　→ _____

⑤ コーヒーは 何杯^{なんばい} ありますか。→ _____

💬 새로운 단어

ジュース 주스

▶ 다음의 메뉴 표를 보면서 예와 같이 둘이서 묻고 대답해보세요.

コーヒー	￥300	ケーキ	￥450	ピザ	￥500
カフェラテ	￥400	ホットドッグ	￥300	トースト	￥250
カフェモカ	￥400	ハンバーガー	￥400	ジュース	￥350

예 Ⓐ いらっしゃいませ。

Ⓑ すみません。コーヒー 1つと ケーキ 1つ ください。

Ⓐ かしこまりました。全部で、750円です。

ありがとうございました。

Ⓐ _____

Ⓑ _____

Ⓐ _____

_____

💬 새로운 단어

カフェラテ 카페라테 | カフェモカ 카페모카 | ホットドッグ 핫도그 | ハンバーガー 햄버거 | ピザ 피자 |
トースト 토스트

일본 여행 TIP

🌐 택시를 타다

01 택시 타기

보통 역 주변 등에 설치되어 있는 승강장에서 타거나, 길거리에서 주행 중인 택시를 잡게 된다. 택시는 택시 지붕에 회사 이름이 들어간 '회사 표시등'이 설치되어 있으며, 공차의 경우 점등, 승차 중의 경우 소등하는 것이 일반적이다. 또한 빈 택시는 조수석 측 램프에 보통 빨간색으로 「空車」, 승차 중인 경우 「賃走」, 예약 중인 경우는 「予約」라고 표시가 되어 있어서, 외관으로 빈 택시를 찾는 것은 간단하다. 그러나 심야 늦은 경우나 연말 연시 및 크리스마스 등 이벤트로 번화가가 붐빌 때는 택시를 잡기가 어려울 수 있다.

일본 택시는 소형·중형·대형이 있고, 기본요금에 약간의 차이가 있다. 4명 이하라면 소형차로 충분하다. 일본 택시는 세계에서도 드문 자동문이다. 운전사가 차문을 열고 닫으므로, 승강 시에 손님이 문을 열거나 닫지 않는다.

택시 요금은 운전사 옆에 미터로 표시되지만, 심야 시간대(오후 10시~오전 5시)는 할증요금이 설정되어 있다. 또한 한국에 비해 요금이 매우 비싸기 때문에 원거리를 사용할 때는 주의가 필요하다. 기본 요금은 각 지역마다 설정되어 있으며, 도쿄는 1km이내 410엔, 오사카는 2km이내 680엔이다(2019년 기준).

08

ねだんも
安<small>やす</small>いですよ。

가격도 쌉니다.

PASSPORT

🔊 학습목표

い형용사에 대해 배우고, **い**형용사를 사용한 간단한
문장을 만들어봅시다.

🧭 Key Point

- い형용사 의 현재형
- い형용사 의 과거형
- い형용사 의 명사수식

📍 **가방가게에서**

🔊 Track 08-01

店員　　　いらっしゃいませ。

ユジン　　スーツケースはどこですか。

店員　　　こちらへどうぞ。

- -

ユジン　　あの、もう少し小さいものがいいです。

店員　　　では、こちらはいかがですか。

ユジン　　いくらですか。

店員　　　ねだんも安いですよ。6000円です。

ユジン　　いいですね。これ、ください。

💬 **새로운 단어**

スーツケース 여행용 캐리어 ｜ ～へ ～에, ～으로 ｜ もう少し 조금 더 ｜ 小さい 작다 ｜ もの 것 ｜ いい 좋다 ｜
ねだん 가격 ｜ 安い 싸다

📍 호텔 프런트에서

🔘 Track 08-02

ユジン　　すみません。

ホテルの近くにおいしい日本料理屋はありますか。

フロント　すしはいかがですか。

回転ずしがあります。

ユジン　　いいですね。そこは高いですか。

フロント　いいえ、あまり高くありません。

それにとてもおいしいですよ。

ユジン　　ホテルから近いですか。

フロント　はい、1分ぐらいです。

SHINJUKU-HOTEL

💬 새로운 단어

近く 가까운(곳) | おいしい 맛있다 | 料理屋 음식점, 요릿집 | すし 초밥 | 回転ずし 회전초밥 | 高い 비싸다 |
それに 게다가 | とても 매우 | 近い 가깝다 | 〜ぐらい 〜정도

い형용사의 활용

기본형	大_{おお}きいです	큽니다
	大_{おお}きくありません	크지 않습니다
어간 어미	大_{おお}きかったです	컸습니다
大_{おお}き い	大_{おお}きくありませんでした	크지 않았습니다
크다	大_{おお}きいですか	큽니까?
	大_{おお}きいかばん	큰 가방

★「いい(좋다)」는 「よくありません(좋지 않습니다)」, 「よかったです(좋았습니다)」로 활용된다.

01 い형용사의 현재형

· 日本_{にほん}のすしはおいしいです。

· 田中_{たなか}さんのかばんは大_{おお}きいです。

· このパソコンは高_{たか}くありません。

02 い형용사의 과거형

· 今年_{ことし}の夏_{なつ}は暑_{あつ}かったです。

· あのホテルはよくありませんでした。

· 昨日_{きのう}は忙_{いそが}しかったですか。

💬 **새로운 단어**

大_{おお}きい 크다 ┃ 今年_{ことし} 올해 ┃ 夏_{なつ} 여름 ┃ 暑_{あつ}い 덥다 ┃ 昨日_{きのう} 어제 ┃ 忙_{いそが}しい 바쁘다

- キムさんはおもしろい<ruby>人<rt>ひと</rt></ruby>です。
- あの<ruby>小<rt>ちい</rt></ruby>さい<ruby>時計<rt>とけい</rt></ruby>はいくらですか。
- <ruby>安<rt>やす</rt></ruby>いホテルがいいです。

 자주 사용하는 い형용사

<ruby>大<rt>おお</rt></ruby>きい	<ruby>小<rt>ちい</rt></ruby>さい	<ruby>高<rt>たか</rt></ruby>い	<ruby>安<rt>やす</rt></ruby>い	<ruby>暑<rt>あつ</rt></ruby>い	<ruby>寒<rt>さむ</rt></ruby>い	<ruby>忙<rt>いそが</rt></ruby>しい
크다	작다	비싸다	싸다	덥다	춥다	바쁘다
<ruby>楽<rt>たの</rt></ruby>しい	うれしい	おもしろい	おいしい	まずい	かわいい	いい
즐겁다	기쁘다	재미있다	맛있다	맛없다	귀엽다	좋다
<ruby>辛<rt>から</rt></ruby>い	にがい	<ruby>遠<rt>とお</rt></ruby>い	<ruby>近<rt>ちか</rt></ruby>い	<ruby>速<rt>はや</rt></ruby>い	<ruby>遅<rt>おそ</rt></ruby>い	むずかしい
맵다	쓰다	멀다	가깝다	빠르다	늦다	어렵다
<ruby>多<rt>おお</rt></ruby>い	<ruby>少<rt>すく</rt></ruby>ない	やさしい	<ruby>悪<rt>わる</rt></ruby>い	すごい	<ruby>広<rt>ひろ</rt></ruby>い	<ruby>狭<rt>せま</rt></ruby>い
많다	적다	상냥하다	나쁘다	대단하다	넓다	좁다

💬 **새로운 단어**

<ruby>時計<rt>とけい</rt></ruby> 시계

기본 연습

01 다음 단어를 예와 같이 긍정문과 과거 긍정문으로 바꿔 써 보세요.

> **예** あつい ➡ あついです。 / あつかったです。

① おいしい ➡ _____ / _____

② おおきい ➡ _____ / _____

③ かわいい ➡ _____ / _____

④ むずかしい ➡ _____ / _____

⑤ ちいさい ➡ _____ / _____

⑥ いい ➡ _____ / _____

⑦ やすい ➡ _____ / _____

⑧ おもしろい ➡ _____ / _____

02 다음 단어를 예와 같이 부정문과 과거 부정문으로 바꿔 써 보세요.

> **예** さむい ➡ さむくありません。 / さむくありませんでした。

① たかい ➡ _____ / _____

② おおい ➡ _____ / _____

③ からい ➡ _____ / _____

④ あつい ➡ _____ / _____

⑤ うれしい ➡ _____ / _____

⑥ いそがしい ➡ _____ / _____

⑦ すくない ➡ _____ / _____

⑧ いい ➡ _____ / _____

▶ 그림에 맞는 말이 되도록 예와 같이 い형용사를 넣어서 문장을 만들어 써 보세요.

예 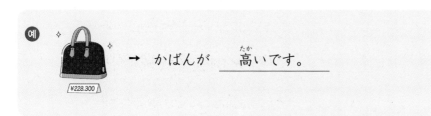 → かばんが <u>高^{たか}いです。</u>

①  → 部屋^{へや}が _____

②  → 今日^{きょう}は _____

③ → ぼうしが _____

④ → タクシーが _____

⑤ → ^{ティー}Tシャツが _____

⑥  → すしが _____

💬 새로운 단어

^{ティー}Tシャツ T셔츠

회화 연습

▶ 보기에 있는 い형용사를 사용해서 예와 같이 둘이서 묻고 대답해 보세요.

예 Ⓐ 韓国の食べ物はどうですか。

Ⓑ 韓国の食べ物は辛いです。_____

① Ⓐ 日本の食べ物はどうですか。

Ⓑ 日本の食べ物は_____

② Ⓐ 日本語の授業はどうですか。

Ⓑ _____

③ Ⓐ 今日の天気はどうですか。

Ⓑ _____

④ Ⓐ あなたのスマートフォンはどうですか。

Ⓑ 私のスマートフォンは_____

⑤ Ⓐ あなたのかばんはどうですか。

Ⓑ _____

보기
- 大きい
- 小さい
- 高い
- 安い
- いい
- おいしい
- かわいい
- おもしろい
- むずかしい
- 暑い
- 寒い
- 楽しい
- 速い

💬 새로운 단어

食べ物 음식, 먹을 것 | 天気 날씨 | スマートフォン 스마트폰 | 授業 수업

초밥 가게에 가자

일본에서는 회전초밥이 매우 인기를 끌고 있다. 역사가 있는 유명한 초밥집(寿司屋)은 가격이 매우 비싸지만, 회전초밥이나 서민적인 초밥가게는 저렴한 가격에 신선한 재료를 제공하며, 가족이나 친구끼리 하는 외식으로 인기가 많다.

초밥에는 많은 종류가 있지만, 대중적인 초밥은 밥에 생선회를 올린 초밥(握り寿司)과 김초밥인 마키즈시(巻き寿司)이다.

초밥집에서 맛있게 골라 먹을 수 있도록 인기 있는 초밥의 이름과 그 외 유용하게 쓰일 용어를 알아보자.

大トロ 참치대뱃살(최고급)	まぐろ 참치	たい 도미	ひらめ 광어	たこ 문어
イカ 오징어	エビ (삶은)새우	たまご 계란	いくら 연어알	あじ 전갱이
あなご 붕장어	ぶり 방어	鉄火巻き 참치말이	ねぎとろ 다진참치와 파말이	納豆巻き 낫또말이

그 외의 용어

赤だし	みそしる	おしぼり	しょうゆ	お茶
된장국(빨간 된장)	된장국	물수건	간장	녹차
しょうが	てんぷら	茶碗蒸し	わさび	さび抜き
생강절임	튀김	계란찜	와사비	와사비제거

09

うなぎは
好きですか。

장어를 좋아합니까?

🔊 학습목표

な형용사에 대해 배우고, **な**형용사를 사용한 간단한
문장을 만들어봅시다.

🧭 Key Point

- **な형용사**의 현재형
- **な형용사**의 과거형
- **な형용사**의 명사수식

📍 거리에서

🔘 Track 09-01

はるき	ユジンさん、お久しぶりです。
ユジン	はるきさん、今日は案内、ありがとうございます。
	ここはとてもにぎやかですね。
はるき	はい、浅草の商店街はとても有名ですよ。
ユジン	あ、いいにおいですね。
はるき	ここはうなぎの店です。
	ユジンさんはうなぎは好きですか。
ユジン	はい、大好きです。これもおいしそうですね。
はるき	これは人気のメロンパンです。
	このプリンもおいしいですよ。
ユジン	わあ、おいしいものがいっぱい！

💬 새로운 단어

案内 안내 | にぎやかだ 번화하다 | 商店街 상점가 | 有名だ 유명하다 | におい 냄새 | うなぎ 장어 | 店 가게 |
好きだ 좋아하다 | 大好きだ 많이 좋아하다 | メロンパン 멜론 빵 | プリン 푸딩 | わあ 와아 | いっぱい 많이

📍 식당에서

🔘 Track 09-02

ユジン　　ごちそうさまでした。
　　　　　日本は食べ物がおいしいですね。

はるき　　はい、でも韓国の食べ物もおいしいですよね。

ユジン　　はるきさんは辛い物は嫌いじゃないですか。

はるき　　いいえ、大好きです。ユッケジャン、トッポッキ…。

ユジン　　スンデはどうですか。

はるき　　あ、スンデは好きじゃありません。
　　　　　それからポンデギも苦手です。

ユジン　　私はどれも大好きです。

💬 새로운 단어

~よね ~지요 | 嫌いだ 싫다 | ユッケジャン 육개장 | トッポッキ 떡볶이 | スンデ 순대 | それから 그리고 |
ポンデギ 번데기 | 苦手だ 잘 못하다 | どれも 어느 것도

문형 정리

 な형용사의 활용

기본형 어간 어미 有名 <small>ゆうめい</small> だ 유명하다	有名です <small>ゆうめい</small>	유명합니다
	有名じゃありません <small>ゆうめい</small>	유명하지 않습니다
	有名でした <small>ゆうめい</small>	유명했습니다
	有名じゃありませんでした <small>ゆうめい</small>	유명하지 않았습니다
	有名ですか <small>ゆうめい</small>	유명합니까?
	有名なホテル <small>ゆうめい</small>	유명한 호텔

★「好きだ」、「きらいだ」、「上手だ」、「下手だ」 앞에는 대부분 「は」가 아닌 「が」를 사용한다.
예) 本が好きです。/ 日本語が下手です。

01 な형용사의 현재형

· この店のラーメンは有名です。

· ミョンドンはにぎやかです。

· 私の部屋はきれいじゃありません。

02 な형용사의 과거형

· あの店の店員は親切でした。

· 日本のコンビニは便利でした。

· 電車の乗り換えはかんたんじゃありませんでした。

💬 **새로운 단어**

ラーメン 라면 | ミョンドン 명동 | 親切だ 친절하다 | 便利だ 편리하다 | 電車 전철 | 乗り換え 환승 |
かんたんだ 간단하다

03 な형용사의 명사수식

・好きな食べ物は韓国料理です。

・ここは静かなところですね。

・有名な観光地はどこですか。

 자주 사용하는 な형용사

静かだ	にぎやかだ	元気だ	親切だ	有名だ	便利だ	不便だ
조용하다	번화하다	건강하다	친절하다	유명하다	편리하다	불편하다
好きだ	嫌いだ	上手だ	下手だ	簡単だ	ひまだ	心配だ
좋아하다	싫어하다	잘하다	잘 못하다	간단하다	한가하다	걱정이다
幸せだ	無理だ	たいへんだ	得意だ	苦手だ	きれいだ	すてきだ
행복하다	무리다	힘들다	(내가)잘하다	(내가) 잘 못하다	예쁘다, 깨끗하다	멋지다

💬 새로운 단어

ところ 곳 ㅣ 観光地 관광지

01 다음 단어를 예와 같이 긍정문과 과거 긍정문으로 바꿔 써 보세요.

> **예** げんきだ → げんきです。/ げんきでした。

① へただ　　→ ＿＿＿＿＿＿＿＿＿＿＿＿＿ / ＿＿＿＿＿＿＿＿＿＿＿＿＿

② すきだ　　→ ＿＿＿＿＿＿＿＿＿＿＿＿＿ / ＿＿＿＿＿＿＿＿＿＿＿＿＿

③ しずかだ　→ ＿＿＿＿＿＿＿＿＿＿＿＿＿ / ＿＿＿＿＿＿＿＿＿＿＿＿＿

④ にぎやかだ → ＿＿＿＿＿＿＿＿＿＿＿＿＿ / ＿＿＿＿＿＿＿＿＿＿＿＿＿

⑤ じょうずだ → ＿＿＿＿＿＿＿＿＿＿＿＿＿ / ＿＿＿＿＿＿＿＿＿＿＿＿＿

⑥ ゆうめいだ → ＿＿＿＿＿＿＿＿＿＿＿＿＿ / ＿＿＿＿＿＿＿＿＿＿＿＿＿

02 다음 단어를 예와 같이 부정문과 과거 부정문으로 바꿔 써 보세요.

> **예** すきだ → すきじゃありません。/ すきじゃありませんでした。

① すてきだ

→ ＿＿＿＿＿＿＿＿＿＿＿＿＿ / ＿＿＿＿＿＿＿＿＿＿＿＿＿＿＿

② しんせつだ

→ ＿＿＿＿＿＿＿＿＿＿＿＿＿ / ＿＿＿＿＿＿＿＿＿＿＿＿＿＿＿

③ きれいだ

→ ＿＿＿＿＿＿＿＿＿＿＿＿＿ / ＿＿＿＿＿＿＿＿＿＿＿＿＿＿＿

④ しんぱいだ

→ ＿＿＿＿＿＿＿＿＿＿＿＿＿ / ＿＿＿＿＿＿＿＿＿＿＿＿＿＿＿

⑤ しずかだ

→ ＿＿＿＿＿＿＿＿＿＿＿＿＿ / ＿＿＿＿＿＿＿＿＿＿＿＿＿＿＿

응용 연습

▶ 보기의 な 형용사를 활용해서 예와 같이 문장을 만들어 보세요.

예  → コンビニは<ruby>便利<rt>べん り</rt></ruby>です。

①  → うなぎは _____

②  → <ruby>駅員<rt>えきいん</rt></ruby>さんは _____

③  → タクシーは _____

④  → <ruby>新宿<rt>しんじゅく</rt></ruby>は _____

⑤  日本語 → <ruby>日本語<rt>に ほん ご</rt></ruby>が _____

⑥  → ホテルは _____

보기
· <ruby>有名<rt>ゆうめい</rt></ruby>だ　　· <ruby>好<rt>す</rt></ruby>きだ　　· <ruby>嫌<rt>きら</rt></ruby>いだ　　· <ruby>上手<rt>じょうず</rt></ruby>だ　　· <ruby>下手<rt>へ た</rt></ruby>だ
· <ruby>便利<rt>べん り</rt></ruby>だ　　· <ruby>親切<rt>しんせつ</rt></ruby>だ　　· にぎやかだ　　· きれいだ

▶ 예와 같이 상대방에게 좋고 싫음을 묻고, 대답해 보세요.(상대방의 이름을 넣어서 대화하세요)

예 パン

Ⓐ ＿＿＿＿＿＿＿＿さんはパンが好きですか。

Ⓑ はい、好きです。/ いいえ、好きじゃありません。

① 冬

Ⓐ ＿＿＿＿＿＿＿＿＿＿＿＿＿＿＿＿＿

Ⓑ ＿＿＿＿＿＿＿＿＿＿＿＿＿＿＿＿＿

② 夏

Ⓐ ＿＿＿＿＿＿＿＿＿＿＿＿＿＿＿＿＿

Ⓑ ＿＿＿＿＿＿＿＿＿＿＿＿＿＿＿＿＿

③ ラーメン

Ⓐ ＿＿＿＿＿＿＿＿＿＿＿＿＿＿＿＿＿

Ⓑ ＿＿＿＿＿＿＿＿＿＿＿＿＿＿＿＿＿

④ ねこ

Ⓐ ＿＿＿＿＿＿＿＿＿＿＿＿＿＿＿＿＿

Ⓑ ＿＿＿＿＿＿＿＿＿＿＿＿＿＿＿＿＿

⑤ 辛いもの

Ⓐ ＿＿＿＿＿＿＿＿＿＿＿＿＿＿＿＿＿

Ⓑ ＿＿＿＿＿＿＿＿＿＿＿＿＿＿＿＿＿

⑥ 英語

Ⓐ ＿＿＿＿＿＿＿＿＿＿＿＿＿＿＿＿＿

Ⓑ ＿＿＿＿＿＿＿＿＿＿＿＿＿＿＿＿＿

💬 새로운 단어

冬 겨울 | 英語 영어

한국인과 일본인의 성씨

한국인의 성씨는 280가지 정도라고 알려져 있다. 한편, 일본인의 성씨는 30만 가지에 이를 정도로 많다. 각각 어떤 성씨가 많은지 알아보자.

한국인			일본인		
순위	성씨	인구에 대한 비율(%)	순위	성씨	인구에 대한 비율(%)
1	金(김)	21.6	1	佐藤	1.6
2	李(이)	14.8	2	鈴木	1.4
3	朴(박)	8.5	3	高橋	1.2
4	崔(최)	4.7	4	田中	1.1
5	鄭(정)	4.4	5	伊藤	0.9
6	姜(강)	2.3	6	渡辺	0.9
7	趙(조)	2.1	7	山本	0.9
8	尹(윤)	2.1	8	中村	0.9
9	張(장)	2.0	9	小林	0.8
10	林(임)	1.7	10	加藤	0.7

[한국] 2000년 통계청 조사 [일본] 2015년 リクルーティングスタジオ調査

표를 보면 한국인의 성씨는 김, 이, 박, 최, 정의 순서로 많고, 일본인의 성씨는 「佐藤(사토)」, 「鈴木(스즈키)」, 「高橋 (다카하시)」, 「田中(다나카)」, 「伊藤(이토)」 순으로 많다. 재미있는 것은 그 비율이다. 한국인의 성씨 비율을 보면 5위까지가 전체의 약 54 %를 차지하고 있는 반면 일본의 경우, 5위까지 누계 비율은 인구의 6.2% 밖에 되지 않는다. 그만큼 다양한 성씨가 있다는 것이다. 예를 들어 학교에서 한 학급에 40명 있으면 한국의 경우 평균 김씨가 8명, 이씨가 6명, 박씨가 3명 정도 있지만, 일본에서는 40명 모두가 다른 성씨를 갖고 있는 경우도 흔하다. 따라서 일본에서 상대의 이름을 부를 때, '스즈키 씨', '야마모토 씨'처럼 성으로 불러도 무방하다.

일본인의 성씨 중에는 재미있는 성씨도 많다. 그 중 일부를 알아보자. 「金持(부자)」, 「幸福(행복)」와 같은 재수가 좋은 뜻의 성씨. 「最初(최초)」, 「何(하)」, 「一言(일언)」처럼 단어 같은 성씨, 「男(남자)」, 「無敵(무적)」, 「鼻毛(코털)」처럼 여성이라면 곤란할 것 같은 성씨도 있다.

10

切符は
どこで
買いますか。

티켓은 어디서 삽니까?

PASSPORT

📢 학습목표

동사의 기본적인 활용형인 **ます**형을 배우고 **ます**형을
활용한 문장을 만들어봅시다.

🔘 Key Point

- 동사 의 분류
- 동사 **ます**형
- 동사 **ます**형 현재형
- 동사 **ます**형 과거형

📍 **역에서**

🎧 Track 10-01

ユジン	切符はどこで買いますか。
駅員	あちらの自動販売機です。
ユジン	ええと…、しぶや、しぶや…。よくわかりません。
駅員	渋谷まで行きますか。
ユジン	はい。
駅員	渋谷まで200円です。まず、お金を入れます。
	そして200円のボタンを押します。
	下から切符とおつりが出ます。
ユジン	わかりました。ありがとうございます。

💬 **새로운 단어**

切符 표 | 買う 사다 | あちら 저쪽 | 自動販売機 자동판매기 | ～まで ～까지 | 行く 가다 | まず 먼저 |
お金 돈 | 入れる 넣다 | ボタン 버튼 | 押す 누르다 | おつり 잔돈 | 出る 나가다 | わかる 알다

📍 승강장에서

🔘 Track 10-02

アナウンス　まもなく1番ホームに立川行きがまいります。

ユジン　　　立川行き? すみません、この電車は渋谷に行きますか。

駅員　　　　渋谷ですか。いいえ、行きませんよ。

ユジン　　　渋谷行きのホームはどこですか。

駅員　　　　山の手線は、4番ホームです。

ユジン　　　どこにありますか。

駅員　　　　そこの階段を右に行きます。

ユジン　　　ありがとうございます。

💬 새로운 단어

アナウンス 아나운스, 방송함 | まもなく 곧 | 〜番 〜번 | ホーム 홈 |
まいる 「行く(가다)」, 「来る(오다)」의 경어표현

동사의 분류

분류	특징	예
1그룹 동사	① る로 끝나지 않은 동사	飲む 마시다, 行く 가다, 買う 사다
	② る로 끝나는 동사 중, る 앞이 あ단·う단·お단인 경우	乗る 타다, かかる 걸리다, 作る 만들다
2그룹 동사	る로 끝나는 동사 중, る 앞이 い단·え단인 경우	食べる 먹다, 見る 보다, 起きる 일어나다
3그룹 동사	불규칙 동사이며 2개만 있다	する 하다, 来る 오다

★る 앞이 い단, え단인 동사이지만 예외로 1그룹에 들어가는 동사가 있다(예외 1그룹 동사).
　예) 帰る(돌아가다), 入る(들어가다), まいる('오다'의 경어표현)

 동사 ます형 (정중형) 만드는 방법

분류	만드는 방법	예
1그룹 동사	う단을 い단으로 바꾼 뒤 ます를 붙인다	飲む → 飲みます 마십니다 行く → 行きます 갑니다 乗る → 乗ります 탑니다
2그룹 동사	る를 빼고 ます를 붙인다	食べる → 食べます 먹습니다 見る　 → 見ます 봅니다 起きる → 起きます 일어납니다
3그룹 동사	불규칙 활용	する → します 합니다 来る → 来ます 옵니다

01 동사 ます형(현재형)　～ます(~ㅂ니다) / ～ません(~지 않습니다)

- 日本の雑誌を読みます。
- 明日、何時に到着しますか。
- 木村さんは辛いものを食べません。

02 동사 ます형(과거형)　～ました(~ㅆ습니다) / ～ませんでした(~지 않았습니다)

- 今日は、朝6時に起きました。
- 東京で地下鉄に乗りましたか。
- 飲み物は注文しませんでした。

💬 **새로운 단어**

雑誌 잡지 | 読む 읽다 | 何時 몇 시 | 到着 도착 | 起きる 일어나다 | 地下鉄 지하철 | 乗る (탈 것에)타다 |
飲み物 마실 것, 음료

기본 연습

01 다음 단어를 예와 같이 동사 분류에 맞게 그룹으로 나눠 써 보세요.

> **예** いく → __1__ 그룹

① まつ → _____그룹   ② たべる → _____그룹   ③ する → _____그룹

④ すわる → _____그룹   ⑤ つくる → _____그룹   ⑥ のむ → _____그룹

⑦ はいる → _____그룹   ⑧ かく → _____그룹   ⑨ くる → _____그룹

02 다음 단어를 예와 같이 긍정형과 과거긍정형으로 바꿔 써 보세요.

> **예** のむ → _のみます。_ / _のみました。_

① わかる → _____ / _____

② かう → _____ / _____

③ おきる → _____ / _____

④ くる → _____ / _____

⑤ みる → _____ / _____

⑥ はなす → _____ / _____

⑦ かえる → _____ / _____

⑧ しゅっぱつする → _____ / _____

03 다음 단어를 예와 같이 부정형과 과거부정형으로 바꿔 써 보세요.

> **예** おりる → おりません。/ おりませんでした。

① あう → _____ / _____

② のる → _____ / _____

③ たべる → _____ / _____

④ かかる → _____ / _____

⑤ すわる → _____ / _____

⑥ いく → _____ / _____

⑦ くる → _____ / _____

⑧ ちゅうもんする → _____ / _____

▶ 다음은 관광 일정표입니다. 일정표를 보고 예와 같이 질문에 맞는 대답을 써 보세요.

AM 6:00	起きる	
AM 7:00	朝ごはんにパンを食べる	
AM 9:00	電車に乗る	
AM 10:00	金閣寺を見る	
PM 12:00	昼ごはんにうどんを食べる	
PM 2:00	京都で買い物をする	
PM 7:00	晩ごはんにおすしを食べる	
PM 9:00	ホテルに帰る	

예 午後9時に何をしますか。 → ___ホテルに帰ります。___

① 午前9時に何をしますか。

→ _____

② 午前7時に何をしますか。

→ _____

③ 何時に電車に乗りますか。

→ _____

④ うどんは何時に食べますか。

→ _____

⑤ 買い物はどこでしますか。

→ _____

⑥ 晩ごはんは何を食べますか。

→ _____

💬 새로운 단어

朝ごはん 아침밥 ︱ パン 빵 ︱ 買い物 쇼핑 ︱ 晩ごはん 저녁밥

▶ 보기의 표현을 참고해서 예와 같이 둘이서 묻고 답해 보세요.

예 Ⓐ ＿＿＿＿さんは、朝何を食べましたか。

Ⓑ パンを食べました。

① Ⓐ ＿＿＿＿＿＿＿さんは、昨日何をしましたか。

Ⓑ ＿＿＿＿＿＿＿＿＿＿＿＿＿＿＿＿＿

② Ⓐ ＿＿＿＿＿＿＿さんは、今日の夜何をしますか。

Ⓑ ＿＿＿＿＿＿＿＿＿＿＿＿＿＿＿＿＿

③ Ⓐ ＿＿＿＿＿＿＿さんは、昨日何を食べましたか。

Ⓑ ＿＿＿＿＿＿＿＿＿＿＿＿＿＿＿＿＿

④ Ⓐ ＿＿＿＿＿＿＿さんは、週末何をしますか。

Ⓑ ＿＿＿＿＿＿＿＿＿＿＿＿＿＿＿＿＿

보기
- 映画を見る(영화를 보다)
- 勉強をする(공부를 하다)
- たくさん寝る(많이 자다)
- 犬と遊ぶ(강아지와 놀다)
- アルバイトをする(아르바이트를 하다)
- 運動をする(운동을 하다)
- 友だちと会う(친구를 만나다)
- 料理をする(요리를 하다)
- ゲームをする(게임을 하다)
- テレビを見る(텔레비전을 보다)
- 〜を食べる(パン(빵), チキン(치킨), ごはん(밥))

💬 새로운 단어

運動 운동 | 勉強 공부 | 会う 만나다 | たくさん 많이 | 寝る 자다 | 料理 요리 | 遊ぶ 놀다 | アルバイト 아르바이트 |
昨日 어제 | 週末 주말

104

도쿄의 대표 관광지

01 아사쿠사 (浅草)

아사쿠사(浅草)에 있는 센소지(浅草寺)는 1300년 이상의 역사를 가진 사찰로, 연간 3천만 명의 관광객이 방문하는 도쿄의 대표적인 관광지이다. 유명한 카미나리몬(雷門)을 지나 센소지(浅草寺)로 가는 거리에는 나카미세(仲見世)라는 상가가 줄지어있다. 전통적인 토산물에서 일본전통과자까지 다양한 볼거리와 먹을거리가 있다.

02 오다이바 (お台場)

오다이바(お台場)는 도쿄만(東京湾)에 있는 인공섬으로, 공원, 수족관, 쇼핑 등 다양한 볼거리가 모여있는 인기 관광명소이다. 그 중에서도 유명한 것이 레인보우 브릿지의 야경으로, 도쿄시내 야경과 어우러져 숨막힐 정도로 아름답다. 또한 외국인에게 인기 많은 오오에도 온천(大江戸温泉)에서는 화려한 유카타(ゆかた, 여름에 입는 기모노)를 빌려 입을 수 있으며, 온천 체험도 할 수 있다.

03 하라주쿠 (原宿)

일본 젊은이들의 패션 중심지인 하라주쿠(原宿)는 최신 패션과 헤어스타일을 한눈에 볼 수 있는 곳이다. 주말에는 다케시타(竹下) 거리에서 다양한 퍼포먼스를 볼 수 있어 외국인 관광객에게도 인기가 많다.

04 도쿄 디즈니 리조트 (東京ディズニーリゾート)

도쿄 디즈니 리조트(東京ディズニーリゾート)는 도쿄 옆 치바현에 위치하고 있다. 연령과 성별에 관계없이 모두에게 인기 있는 관광지로, 연간 관광객이 3천만 명을 넘는다. 1983년에 개원한 디즈니랜드와 2001년에 개원한 디즈니씨가 소재하고 있다.

11

写真を
撮ってください。

しゃ しん
と

사진을 찍어주세요.

PASSPORT

📢 학습목표

동사 **て**형 활용에 대해 배우고 「**~てください**」를 사용한 의뢰표현을 익힙시다.

🧭 Key Point

- **동사** **て**형 (연결형) 만드는 방법
- **~て / ~てから**
- **동사** **て**형 + **ください**
- **동사** **ます**형 + **ましょう**

📍 편의점에서

🔴 Track 11-01

店員　いらっしゃいませ。

　　　　お弁当は温めますか。

ユジン　はい、温めてください。

店員　おはしはいくつ入れましょうか。

ユジン　2つ入れてください。

店員　はい、かしこまりました。

　　　　全部で750円です。

ユジン　あ、すみません。このお茶も1つください。

店員　では、860円になります。

　　　　ありがとうございました。

💬 **새로운 단어**

お弁当 도시락 ┃ 温める 따뜻하게 하다 ┃ おはし 젓가락

108

📍 **공원에서**

🔘 Track 11-02

ユジン　　　わあ、とてもきれいな<ruby>花<rt>はな</rt></ruby>ですね。

はるき　　　あそこに<ruby>行<rt>い</rt></ruby>って<ruby>写真<rt>しゃしん</rt></ruby>をとりましょう。

ユジン　　　いいですね。

　　　　　　あの<ruby>女<rt>おんな</rt></ruby>の<ruby>人<rt>ひと</rt></ruby>に<ruby>お願<rt>ねが</rt></ruby>いしましょう。

- -

ユジン　　　すみません。<ruby>写真<rt>しゃしん</rt></ruby>をとってください。

<ruby>女<rt>おんな</rt></ruby>の<ruby>人<rt>ひと</rt></ruby>　　いいですよ。ボタンはどこですか。

ユジン　　　ここです。ここを<ruby>押<rt>お</rt></ruby>してください。

<ruby>女<rt>おんな</rt></ruby>の<ruby>人<rt>ひと</rt></ruby>　　はい、チーズ！

💬 **새로운 단어**

<ruby>花<rt>はな</rt></ruby> 꽃 | <ruby>写真<rt>しゃしん</rt></ruby> 사진 | とる 찍다 | <ruby>お願<rt>ねが</rt></ruby>いする 부탁하다 | チーズ 치즈

문형 정리

동사 て형(연결형) 만드는 방법

분류	만드는 방법	예
1그룹 동사	① 어미 く → いて ぐ → いで	書く 쓰다　　→ 書いて 쓰고, 써서 泳ぐ 헤엄치다 → 泳いで 헤엄치고, 헤엄쳐서
		[예외동사] 行く 가다 → 行って 가고, 가서 ★ 行いて (×)
	② 어미 う, つ, る → って	買う 사다　　→ 買って 사고, 사서 待つ 기다리다 → 待って 기다리고, 기다려서 乗る 타다　　→ 乗って 타고, 타서
	③ 어미 ぬ, ぶ, む → んで	死ぬ 죽다　　→ 死んで 죽고, 죽어서 遊ぶ 놀다　　→ 遊んで 놀고, 놀아서 飲む 마시다 → 飲んで 마시고, 마셔서
	④ 어미 す → して	話す 이야기하다 → 話して 이야기하고, 이야기해서 押す 누르다　　→ 押して 누르고, 눌러서
2그룹 동사	어미 る → て	見る 보다　　→ 見て 보고, 봐서 食べる 먹다 → 食べて 먹고, 먹어서
3그룹 동사	불규칙 활용	する 하다 → して 하고, 해서 来る 오다 → 来て 오고, 와서

01 〜て 〜하고 / 〜해서, 〜てから 〜하고 나서

- バスに乗って新宿に行きます。
- 朝起きて、何をしましたか。
- すこし休んでから、仕事をします。

02 동사 て형＋ください 〜해 주세요

- ゆっくり話してください。
- ここに名前を書いてください。
- 10時の飛行機にかえてください。

03 동사 ます형＋ましょう 〜합시다, 〜하죠

- 明日は買い物をしましょう。
- 一緒に歌を歌いましょう。
- はやく行きましょう。

💬 **새로운 단어**

すこし 조금 | 休む 쉬다 | 仕事 일 | ゆっくり 천천히 | 話す 이야기하다 | 名前 이름 | 飛行機 비행기 |
かえる 바꾸다 | 明日 내일 | 買い物 쇼핑 | 一緒に 함께 | 歌 노래 | 歌う 노래 부르다 | はやく 빨리

01 다음 단어를 예와 같이 동사 て형으로 바꿔 써 보세요.

> **예** たべる ➡ たべて

① もつ ➡ _____ ② おしえる ➡ _____

③ する ➡ _____ ④ すわる ➡ _____

⑤ つくる ➡ _____ ⑥ のむ ➡ _____

⑦ はいる ➡ _____ ⑧ かく ➡ _____

⑨ いる ➡ _____ ⑩ はなす ➡ _____

02 다음 단어를 예와 같이 동사 て형을 이용해서「～てください」로 바꿔 써 보세요.

> **예** はなす ➡ はなしてください。

① わかる ➡ _____

② きる ➡ _____

③ おきる ➡ _____

④ くる ➡ _____

⑤ まつ ➡ _____

⑥ ねる ➡ _____

⑦ かえる ➡ _____

⑧ うんてんする ➡ _____

▶ 다음을 예와 같이 「～てから ～ます」 문장으로 만들어 보세요.

> **예** 朝起きる / コーヒーを飲む → 朝起きてから、コーヒーを飲みます。

① 家に帰る / 宿題をする

→ _____

② 電話をする / 友達と会う

→ _____

③ ご飯を食べる / 映画を見る

→ _____

④ 切符を買う / 電車に乗る

→ _____

⑤ バスを降りる / コンビニに行く

→ _____

⑥ 歯をみがく / 寝る

→ _____

💬 새로운 단어

降りる 내리다 | 歯 이, 치아 | みがく 닦다

▶ 다음과 같은 상황에서는 뭐라고 할까요?
보기의 단어와 「~てください」를 사용해서 상대방에게 의뢰해 보세요.

> 예 덥습니다. 창가에 있는 사람에게 뭐라고 할까요?
>
> すみません、窓を開けてください。

① 상대방의 말이 빨라서 못 알아듣습니다. 뭐라고 할까요?

　すみません、_____

② 택시를 타고 가는데 약속시간에 늦을 것 같습니다. 택시기사에게 뭐라고 할까요?

　すみません、_____

③ 엔으로 환전하고 싶습니다. 은행 직원에게 뭐라고 할까요?

　すみません、_____

④ 길을 잃었습니다. 지나가는 사람에게 뭐라고 할까요?

　すみません、_____

> 보기
> ・円に(엔으로)　・ちょっと(조금)　・道を(길을)　・ゆっくり(천천히)
> ・窓(창문)　・開ける(열다)　・教える(가르치다)　・かえる(바꾸다)
> ・話す(말하다)　・急ぐ(서두르다)

일본 여행 TIP

 오사카의 대표 관광지

01 오사카성 (大阪城)

오사카의 상징이라고도 할 수 있는 오사카성(大阪城)은 1583년에 지어진 성으로, 기와나 실내장식에 금과 은을 아낌없이 사용한 화려한 성으로 유명하다. 오사카성의 부지 안에 있는 오사카성 공원은 벚꽃과 매화의 명소로도 유명하며, 봄이 되면 많은 꽃놀이 인파가 몰려온다.

02 도톤보리 (道頓堀)

오사카는 '천하의 부엌'이라고 불릴 정도로 음식이 맛있는 곳이다. 특히 오사카의 남쪽에 위치한 번화가인 도톤보리(道頓堀)는 맛집이 많은 골목으로 유명하다. 오코노미야키(お好み焼き), 타코야키(たこ焼き), 꼬치튀김(串カツ) 등 맛있는 음식들이 많이 있다.

03 유니버설 스튜디오 (ユニバーサルスタジオ)

도쿄 디즈니랜드와 함께 일본의 2대 테마파크 중 하나이다. 2001년에 개장하여, 연간 관광객 1200만 명을 넘는다. 다양한 볼거리와 레스토랑 외에 2014년에는 해리포터의 세계를 장대한 스케일로 재현한 「위저딩 월드 오브 해리포터(ウィザーディング・ワールド・オブ・ハリー・ポッター)」가 오픈하여 인기를 끌고 있다.

04 가이유칸 (海遊館)

오사카 덴포산(天保山)에 위치한 카이유칸(海遊館)은 1990년에 개관한 수족관이다. 세계에서 가장 큰 어류인 몸길이 5미터에 이르는 고래상어가 전시되어 있으며, 그 외에도 유니크한 표정의 바다표범과 바다거북, 가오리, 펭귄 등 볼거리가 풍부하다.

12

何<ruby>なに</ruby>を
していますか。

무엇을 하고 있습니까?

PASSPORT

🔊 학습목표

동사 **て**형을 이용하여 허가를 구하는 표현과 현재진행형 등 **て**형을 활용한 다양한 표현을 익히도록 합시다.

🧭 Key Point

- **동사** **て**형 + **います**
- **동사** **て**형 + **もいいです / いいですか**
- **동사** **て**형 + **みます**

📍 **카페에서**

🔘 Track 12-01

ユジン	はるきさん、こっちです。
はるき	あれ？ ユジンさん、何をしていますか。
ユジン	友だちに絵はがきを書いています。
はるき	とてもきれいな絵はがきですね。
	ところでここの席、寒くありませんか。
ユジン	そうですね。私も少し寒いです。
はるき	すみません、あちらの席にかわってもいいですか。
店員	はい、いいですよ。

💬 **새로운 단어**

あれ 어라? 엣! | 絵はがき 그림 엽서 | ところで 그런데 | かわる 바꾸다

🔘 기모노 가게에서

🔘 Track 12-02

ユジン	この着物、とてもかわいいですね。
はるき	あ、これはゆかたといって、夏に着る着物です。
	あまり高くないですよ。
ユジン	そうですか。じゃあ一度着てみます。
店員	はい。こちらにどうぞ。

(탈의실에서)

| ユジン | あれ？ 着る方法がわかりません。 |
| 店員 | 私が手伝いますから、大丈夫ですよ。 |

💬 새로운 단어

着物 기모노 | ゆかた 유카타 | 着る 입다 | あまり 별로, 그다지 | じゃ(あ) 그럼 | 一度 한 번 | 方法 방법 |
手伝う 돕다 | ～から ～라서, ～니까

문형 정리

01 **동사 て형 + います** ~(하)고 있습니다 (진행형)

- 駅で電車を待っています。
- 今、友だちに電話をしています。
- おもしろいドラマを見ています。

02 **동사 て형 + もいいです / いいですか** ~해도 됩니다 / 해도 됩니까?

- あのう、ここに座ってもいいですか。
- エアコンをつけてもいいですよ。
- 名前を韓国語で書いてもいいですか。

 새로운 단어

今 지금 | ドラマ 드라마 | あのう 저, 저기… | 座る 앉다 | エアコン 에어컨 | つける 켜다 | 書く 쓰다

03 동사 て형 ＋ みます ～해 봅니다, ～해 보겠습니다

- 辛い料理を食べてみます。
- 今度、先生に聞いてみます。
- 日本で運転してみましたか。

잠깐! Tip

「～ですよ」
말하는 사람의 판단을 강조할 때나 듣는 사람이 모르는 정보를 알려줄 때 쓰이는 표현입니다.

예) 今日は雨が降るそうですよ。傘を忘れずに。
　　오늘 비가 내린다고 해요. 우산을 잊지 않도록.

「～ですね」
말하는 사람이 듣는 사람에게 공감을 표할 때나 동의해 주길 바랄 때 또는 자신이 알고 있는 내용을 재차 확인할 때 쓰는 표현입니다.

예) 今日はいいお天気ですね。
　　오늘은 좋은 날씨네요.

💬 새로운 단어

今度 이번에 | 聞く 묻다, 듣다 | 運転 운전

01 다음 단어를 동사 て형을 이용해서 「~てもいいですか」로 묻는 형태로 만들어 써 보세요.

> **예** みる → <u>みてもいいですか。</u>

① きく → _____   ② もつ → _____

③ のる → _____   ④ しめる → _____

⑤ する → _____   ⑥ のむ → _____

⑦ かえる → _____   ⑧ ねる → _____

⑨ あける → _____   ⑩ かく → _____

02 다음 단어를 동사 て형을 이용해서 「~ています」의 현재 진행형으로 만들어 써 보세요.

> **예** する → <u>しています。</u>

① よむ → _____   ② まつ → _____

③ すわる → _____   ④ たべる → _____

⑤ いそぐ → _____   ⑥ きく → _____

⑦ あそぶ → _____   ⑧ ねる → _____

⑨ はなす → _____   ⑩ とる → _____

03 다음 단어를 て형을 이용해서 「~てみます」의 형태로 만들어 써 보세요.

> **예** たべる → <u>たべてみます。</u>

① およぐ → _____   ② いく → _____

③ かう → _____   ④ のる → _____

⑤ のむ → _____   ⑥ みる → _____

⑦ くる → _____   ⑧ はいる → _____

⑨ いう → _____   ⑩ おす → _____

응용 연습

▶ 다음을 예와 같이「~てもいいですか」를 사용해서 묻고 (○)일 경우「はい、どうぞ」,
(×)일 경우「いいえ、それはちょっと」로 대답해보세요.

> **예** 窓を開ける ➡ Ⓐ 窓を開けてもいいですか。
>
> (○) Ⓑ はい、どうぞ。
>
> (×) Ⓑ いいえ、それはちょっと。

① たばこを吸う

　Ⓐ _____ (×) Ⓑ _____

② タクシーに乗る

　Ⓐ _____ (○) Ⓑ _____

③ 写真をとる

　Ⓐ _____ (○) Ⓑ _____

④ ここに座る

　Ⓐ _____ (×) Ⓑ _____

⑤ 家に帰る

　Ⓐ _____ (×) Ⓑ _____

⑥ クレジットカードを使う

　Ⓐ _____ (○) Ⓑ _____

💬 **새로운 단어**

たばこ 담배 ｜ 吸う 피다 ｜ 使う 사용하다

▶ 아래 그림을 보고 예와 같이 「～ています」를 사용해서 묻고 답해보세요.

참고 단어
おにぎり 주먹밥

예 Ⓐ キムさんは何_{なに}をしていますか。

Ⓑ <u>ジュースを飲んでいます。</u>

① Ⓐ マリアさんは何_{なに}をしていますか。

Ⓑ _____

② Ⓐ パクさんは何_{なに}をしていますか。

Ⓑ _____

③ Ⓐ ワンさんは何_{なに}をしていますか。

Ⓑ _____

④ Ⓐ 山田_{やま だ}さんは何_{なに}をしていますか。

Ⓑ _____

⑤ Ⓐ 木村_{き むら}さんは何_{なに}をしていますか。

Ⓑ _____

일본 여행 TIP

🌐 일본의 인기 패스트푸드점

빠르고 저렴하며 맛있는 패스트푸드는 일본에서도 인기가 많다. 일본에서 인기 있는 패스트푸드 체인점을 살펴보자.
우리나라와 발음이 다르므로, 가타카나 표기를 잘 익혀두는 것이 좋다.

01 맥도날드 (マクドナルド)

1971년에 일본에 상륙해서, 일본 전국에 3천 개 이상의 상점이 있다. 패스트푸드의
인기투표에서 항상 상위를 차지하고 있다. 「막크(マック)」 또는 「마쿠도(マクド)」
라는 약칭으로 불리기도 한다.

02 미스터 도넛 (ミスタードーナツ)

미스터도넛의 엄청난 인기 때문에 던킨 도너츠는 1998년에 일본에서 철수했다.
다양한 종류와 저렴한 가격이 인기의 비결이다. 「미스도(ミスド)」라는 약칭으로
사랑을 받고 있다.

03 모스 버거 (モスバーガー)

일본에서 만들어져 세계로 진출한 햄버거점이다. 주문을 받고 즉시 만들기 때문에, 신
선한 맛을 즐길 수 있다. 시내보다 교외에 점포가 많은 것이 특징이다. 「모스(モス)」라
고 줄여 말하기도 한다.

04 KFC (ケンタッキーフライドチキン)

1970년에 일본에 들어온 KFC는 가장 역사가 긴 패스트푸드점이다. 약칭은 동일본에
서는 「켄타(ケンタ)」, 서일본에서는 「켄타끼(ケンタッキー)」라고 한다.
「ケーエフシー」라고는 부르지는 않는다.

13

天<ruby>てん</ruby>ぷらも
食<ruby>た</ruby>べたいです。

튀김도 먹고 싶습니다.

🔊 학습목표

희망을 나타내는 「~たいです」에 대해 배우고 자신
의 요구나 원하는 것을 말할 수 있도록 합시다.

🧭 Key Point

- 동사 ます형 + たいです
- 동사 ます형 + たいんですが
- 동사 + が ほしいです

📍 공항 식당가에서　　　　　　　　　　　　　　🔘 Track 13-01

ユジン　　はるきさん、いろいろありがとうございました。

はるき　　こちらこそ、楽（たの）しかったです。

　　　　　日本（にほん）での食事（しょくじ）も最後（さいご）ですね。何（なに）が食（た）べたいですか。

ユジン　　そうですね。おすしが食（た）べたいです。

　　　　　あ、天（てん）ぷらも食（た）べたいです。

はるき　　じゃあ、このお店（みせ）に入（はい）りましょう。

　　　　　おすしも天（てん）ぷらもありますから。

(식사를 마친 후)

はるき　　お腹（なか）がいっぱい！

ユジン　　あ…、お腹（なか）が痛（いた）い…。

💬 **새로운 단어**

いろいろ 여러가지 ｜ 食事（しょくじ） 식사 ｜ 最後（さいご） 마지막 ｜ 天（てん）ぷら 튀김 ｜ お腹（なか） (인체)배 ｜ 痛（いた）い 아프다

📍 약국에서

🔘 Track 13-02

ユジン　　　すみません、薬が買いたいんですが、薬局はどこにありますか。

案内　　　　1階の本屋のとなりにあります。

ユジン　　　ありがとうございます。

（약국에서）

薬剤師　　　いらっしゃいませ。

ユジン　　　あの、胃薬がほしいんですが。

薬剤師　　　はい、こちらです。

　　　　　　1日3回、食後に飲んでください。

　　　　　　おだいじに。

💬 새로운 단어

薬 약 │ 薬局 약국 │ 本屋 서점 │ 薬剤師 약사 │ 胃薬 위장약 │ 食後 식후 │ おだいじに 몸조리 잘 하세요

01 **동사 ます형＋たいです** ~(하)고 싶습니다

- おいしい日本料理が食べたいです。
- 原宿で買い物がしたいです。
- 一度は新幹線に乗りたいです。

02 **동사 ます형＋たいんですが** ~(하)고 싶은데요

- おもしろい映画が見たいんですが。
- 山の手線に乗り換えたいんですが。
- 11時にチェックアウトしたいんですが。

 새로운 단어

一度は 한 번은 │ **チェックアウト** 체크아웃

명사 + が ほしいです ~을/를 갖고 싶습니다

- 韓国語のパンフレットがほしいです。

- 日本の化粧品がほしいです。

- 最新のスマートフォンがほしいです。

잠깐! Tip

「～んです」

구어체, 즉 회화체이고, '～ 때문이에요, ～라서요, ～ㄴ데요'와 같이 설명, 원인 또는 이유를 나타내는 표현입니다.

예) 遅れてすみません。事故かあったんです。

늦어서 죄송합니다. 사고가 있어서요.

예) これ、日本で買ったんです。

이거, 일본에서 산 건데요.

💬 새로운 단어

最新 최신

01 다음 단어를 예와 같이 「～たいです」의 형태로 바꿔 써 보세요.

> **예** たべる ➡ たべたいです。

① いく　　　➡ _____ ② のむ　　➡ _____

③ みる　　　➡ _____ ④ はいる ➡ _____

⑤ かう　　　➡ _____ ⑥ あける ➡ _____

⑦ あそぶ　➡ _____ ⑧ ねる　　➡ _____

⑨ あずける ➡ _____ ⑩ のる　　➡ _____

02 다음 단어를 예와 같이 「～たいんですが」로 바꿔 써 보세요.

> **예** 注文_{ちゅうもん}する ➡ 注文_{ちゅうもん}したいんですが。

① 予約_{よやく}する　　　➡ _____

② 切符_{きっぷ}をかう　　　➡ _____

③ コンビニにいく ➡ _____

④ タクシーをよぶ ➡ _____

⑤ 荷物_{にもつ}をおくる　➡ _____

⑥ コーヒーをのむ ➡ _____

▶ 희망을 나타내는 「ほしい」 또는 「〜たい」를 사용해서 예와 같이 문장을 만들어 보세요.

> **예** かばん　　→　かばんがほしいです。
> 旅行 / する　→　旅行がしたいです。

① ノートパソコン

➡ _____

② 新しい時計

➡ _____

③ 飛行機のチケット

➡ _____

④ 運転 / する

➡ _____

⑤ 牛丼 / たべる

➡ _____

⑥ ビール / 飲む

➡ _____

💬 새로운 단어

ノートパソコン 노트북 | ビール 맥주

회화 연습

▶ 당신이 일본여행을 간다면 무엇을 하고 싶습니까?
그림을 보면서 대답하고, 친구에게도 물어보며 대답을 들어보세요.

장소	東京(お台場 / 渋谷)		大阪(大阪城 / ユニバーサルスタジオ)		京都(金閣寺 / 清水寺)
음식	すし	ラーメン	たこやき	牛丼	ケーキ
관광	・温泉に入る ・ショッピングをする ・おいしいものを食べる ・観光する				

예 どこに行きたいですか。
→ 京都の金閣寺に行きたいです。

① どこに行きたいですか。

나 : _____

친구 : _____

② 何が食べたいですか。

나 : _____

친구 : _____

③ 何がしたいですか。

나 : _____

친구 : _____

💬 새로운 단어

たこやき 타코야키 | 温泉 온천

🌐 약국과 병원

일본에서는 일반 약국 외에 「드러그 스토어(ドラッグストア)」라고 불리는 가게에서도 일반 의약품을 살 수 있다.
증상이 가벼울 때는 약국이나 '드러그 스토어'에서 약을 구입해보자.
일반 의약품의 명칭은 다음과 같다.

胃腸薬 いちょうやく	風邪薬 かぜぐすり	解熱剤 げねつざい	鎮痛剤 ちんつうざい
위장약	감기약	해열제	진통제
咳き止め せきどめ	酔い止め よいどめ	下痢止め げりどめ	かゆみ止め どめ
기침약	멀미약	설사약	가려움용 약
絆創膏 ばんそうこう	シップ	目薬 めぐすり	消毒薬 しょうどくやく
반창고	파스	안약	소독약

01 병원에서 진찰받는 방법

일본의 병원시스템은 한국과 비슷해서 어렵지 않을 것이다. 처음 병원을 방문하면 「初診(초진)」, 또는 「受付(접수)」
창구에서 접수한다. 휴일에는 병원이 쉬기 때문에 종합병원에 있는 응급센터로 가야한다. 개인병원은 주말 외 수요
일 또는 목요일 오후에 쉬는 곳도 많으니 주의가 필요하다. 갑자기 아파서 응급차를 부를 때는 「119」로 전화하면 인
근 병원까지 이송해준다.

02 병원진료과

内科 ないか	外科 げか	整形外科 せいけいげか	皮膚科 ひふか
내과	외과	정형외과	피부과
眼科 がんか	耳鼻咽喉科 じびいんこうか	歯科 しか	泌尿器科 ひにょうきか
안과	이비인후과	치과	비뇨기과

부록

4과~13과
새로운 단어 총정리

4과~13과 새로운 단어 총정리

4과

□ 審査官	심사관	□ これ	이것	□ トイレ	화장실
□ 韓国	한국	□ 酒	술	□ 化粧品	화장품
□ ～から	～에서	□ お茶	(마시는)차	□ お客様	손님
□ そうです	그렇습니다	□ 韓国人	한국인	□ かばん	가방
□ 旅行	여행	□ 本	책	□ ビジネス	비즈니스
□ ～の	～의	□ 日本人	일본인	□ 語学研修	어학 연수
□ 目的	목적	□ 会社員	회사원	□ 友だち	친구
□ ～は	～은/는	□ パスポート	여권	□ 家	집
□ なん	무엇	□ あなた	당신	□ ゲストハウス	게스트하우스
□ かんこう	관광	□ 学生	학생	□ のり	(먹는)김
□ 宿泊	숙박	□ さいふ	지갑	□ 大学	대학
□ どこ	어디	□ バス停	버스정류장	□ 寮	기숙사
□ ホテル	호텔	□ 出口	출구	□ ホテル	호텔
□ いいですよ	좋습니다	□ 留学	유학	□ 服	옷
□ 荷物	짐	□ タクシー	택시		
		□ 乗り場	타는 장소, 승차장		

5과

□ 係員	담당자	□ 座席	좌석	□ 列車	열차
□ ～行き	～행	□ 番号	번호	□ 時刻	시각
□ バス	버스	□ 電話	전화	□ 行き先	행선지
□ 何番	몇	□ 出発	출발		
□ 次	다음	□ 飛行機	비행기		
□ 何時	몇	□ 時間	시간		
□ チケット	티켓	□ 朝	아침		
□ 売り場	파는 곳	□ カフェ	카페		
□ 男の人	남자	□ 空港	공항		
□ 席	자리	□ レストラン	레스토랑		
□ ～よ	～네요	□ 駅	역		
(상대방에게 알려줄 때 사용)		□ 図書館	도서관		
□ ～ね	～군요	□ 警察	경찰		
		□ 救急車	구급차		

 **6과**

□ フロント	프런트	□ ～が	～이/가	□ ギター	기타
□ チェックイン	체크인	□ となり	곁, 이웃	□ 帽子	모자
□ ～様	～님	□ 階段	계단	□ 絵	그림
□ 今日	오늘	□ 人	사람	□ 窓	창문
□ 二日間	이틀간	□ ～階	～층	□ 魚	물고기
□ 予定	예정	□ 薬	약	□ けいたい電話	휴대 전화
□ 部屋	방	□ コンビニ	편의점	□ いす	의자
□ ～号室	～호실	□ 銀行	은행	□ 雑誌	잡지
□ 無料	무료	□ エレベーター	엘리베이터	□ パソコン	컴퓨터
□ ワイファイ(wi-fi)	와이파이	□ 郵便局	우체국	□ 町	마을, 동네
□ アイディー(ID)	아이디	□ ねこ	고양이	□ 家	집
□ パスワード	패스워드	□ 先生	선생님	□ 動物	동물
□ 出口	출구	□ パンフレット	팸플릿	□ ベッド	침대
□ 女の人	여자	□ 約束	약속	□ 家族	가족
□ ～に	～에	□ ソファ	소파	□ 高校生	고등학생
□ 駅員	역무원	□ 犬	개	□ かさ	우산
		□ 机	책상		

7과

□ 有名な	유명한	□ チーズケーキ	치즈케이크	□ ジュース	주스
□ チョコレート	초콜릿	□ クーポン	쿠폰	□ カフェラテ	카페라테
□ お菓子	과자	□ 1杯	한 잔	□ カフェモカ	카페모카
□ いくら	얼마	□ では	그러면, 그럼	□ ホットドッグ	핫도그
□ 店員	점원	□ サービス	서비스	□ ハンバーガー	햄버거
□ じゃあ	그럼	□ 合計	합계	□ ピザ	피자
□ 一番	제일, 가장	□ クレジットカード	신용카드	□ トースト	토스트
□ 人気の	인기있는	□ ～でも	～라도		
□ 商品	상품	□ 大丈夫	괜찮다		
□ 全部で	전부해서, 모두	□ ミルクティー	밀크 티		
□ 注文	주문	□ 牛丼	소고기덮밥		
□ コーヒー	커피	□ 大人	어른		
		□ 子供	아이		

4과~13과 새로운 단어 총정리

8과

		□ それに	게다가	□ 授業	수업
□ スーツケース	여행용 캐리어	□ とても	매우		
□ ～へ	～에, ～으로	□ 近い	가깝다		
□ もう少し	조금 더	□ ～ぐらい	～정도		
□ 小さい	작다	□ 大きい	크다		
□ もの	것	□ 今年	올해		
□ いい	좋다	□ 夏	여름		
□ ねだん	가격	□ 暑い	덥다		
□ 安い	싸다	□ 昨日	어제		
□ 近く	가까운(곳)	□ 忙しい	바쁘다		
□ おいしい	맛있다	□ 時計	시계		
□ 料理屋	음식점, 요릿집	□ Tシャツ	T셔츠		
□ すし	초밥	□ 食べ物	음식, 먹을 것		
□ 回転ずし	회전초밥	□ 天気	날씨		
□ 高い	비싸다	□ スマートフォン	스마트폰		

9과

		□ 嫌いだ	싫다	□ ところ	곳
□ 案内	안내	□ ユッケジャン	육개장	□ 観光地	관광지
□ にぎやかだ	번화하다	□ トッポッキ	떡볶이	□ 冬	겨울
□ 商店街	상점가	□ スンデ	순대	□ 英語	영어
□ 有名だ	유명하다	□ それから	그리고		
□ におい	냄새	□ ポンデギ	번데기		
□ うなぎ	장어	□ 苦手だ	잘 못하다		
□ 店	가게	□ どれも	어느 것도		
□ 好きだ	좋아하다	□ ラーメン	라면		
□ 大好きだ	많이 좋아하다	□ ミョンドン	명동		
□ メロンパン	멜론 빵	□ 親切だ	친절하다		
□ プリン	푸딩	□ 便利だ	편리하다		
□ わあ	와아	□ 電車	전철		
□ いっぱい	많이	□ 乗り換え	환승		
□ ～よね	～지요	□ かんたんだ	간단하다		

10과

□ 切符	표	□ アナウンス	아나운스, 방송함	□ パン	빵
□ 買う	사다	□ まもなく	곧	□ 買い物	쇼핑
□ あちら	저쪽	□ ～番	～번	□ 晩ごはん	저녁밥
□ 自動販売機	자동판매기	□ ホーム	홈	□ 運動	운동
□ ～まで	～까지	□ まいる	「行く(가다)」, 「来る(오다)」의 경어표현	□ 勉強	공부
□ 行く	가다			□ 会う	만나다
□ まず	먼저	□ 雑誌	잡지	□ たくさん	많이
□ お金	돈	□ 読む	읽다	□ 寝る	자다
□ 入れる	넣다	□ 何時	몇 시	□ 料理	요리
□ ボタン	버튼	□ 到着	도착	□ 遊ぶ	놀다
□ 押す	누르다	□ 起きる	일어나다	□ アルバイト	아르바이트
□ おつり	잔돈	□ 地下鉄	지하철	□ 昨日	어제
□ 出る	나가다	□ 乗る	(탈 것에) 타다	□ 週末	주말
□ わかる	알다	□ 飲み物	마실 것, 음료		
		□ 朝ごはん	아침밥		

11과

		□ 飛行機	비행기	
□ お弁当	도시락	□ かえる	바꾸다
□ 温める	따뜻하게 하다	□ 明日	내일
□ おはし	젓가락	□ 買い物	쇼핑
□ 花	꽃	□ 一緒に	함께
□ 写真	사진	□ 歌	노래
□ とる	찍다	□ 歌う	노래 부르다
□ お願いする	부탁하다	□ はやく	빨리
□ チーズ	치즈	□ 降りる	내리다
□ すこし	조금	□ 歯	이, 치아
□ 休む	쉬다	□ みがく	닦다
□ 仕事	일		
□ ゆっくり	천천히		
□ 話す	이야기하다		
□ 名前	이름		

12과

□ あれ	어라? 엇!	□ ドラマ	드라마
□ 絵はがき	그림 엽서	□ あのう	저, 저기…
□ ところで	그런데	□ 座る	앉다
□ かわる	바꾸다	□ エアコン	에어컨
□ 着物	기모노	□ つける	켜다
□ ゆかた	유카타	□ 書く	쓰다
□ 着る	입다	□ 今度	이번에
□ あまり	별로, 그다지	□ 聞く	듣다. 묻다
□ じゃ(あ)	그럼	□ 運転	운전
□ 一度	한 번	□ たばこ	담배
□ 方法	방법	□ 吸う	피다
□ 手伝う	돕다	□ 使う	사용하다
□ ～から	～라서, ～니까	□ おにぎり	주먹밥
□ 今	지금		

13과

		□ チェックアウト	체크아웃
□ いろいろ	여러가지	□ 最新	최신
□ 食事	식사	□ ノートパソコン	노트북
□ 最後	마지막	□ ビール	맥주
□ 天ぷら	튀김	□ たこやき	타코야키
□ お腹	(인체)배	□ 温泉	온천
□ 痛い	아프다		
□ 薬	약		
□ 薬局	약국		
□ 本屋	서점		
□ 薬剤師	약사		
□ 胃薬	위장약		
□ 食後	식후		
□ おだいじに	몸조리 잘 하세요		
□ 一度は	한 번은		

MEMO

MEMO

동양북스 채널에서 더 많은 도서
더 많은 이야기를 만나보세요!

 유튜브

인스타그램

블로그

포스트

 페이스북

 카카오뷰

외국어 출판 45년의 신뢰
외국어 전문 출판 그룹
동양북스가 만드는 책은 다릅니다.

45년의 쉼 없는 노력과 도전으로 책 만들기에 최선을 다해온
동양북스는 오늘도 미래의 가치에 투자하고 있습니다.
대한민국의 내일을 생각하는 도전 정신과 믿음으로 최선을 다하겠습니다.

동양북스